Tobias Schöneich
Rolf Morrien

DAS WASSERSTOFF-INVESTMENT

Reich. Reicher. Millionär.

Vorwort

Liebe Leser,

wenn es um alternative Antriebstechnologien geht, wurde lange Zeit vornehmlich über batteriebetriebene Elektroautos berichtet. Das war unseres Erachtens ein Fehler. Denn die auf Wasserstoff als Energieträger basierende Brennstoffzellentechnologie ist nicht weniger spannend und bietet speziell dann, wenn große Lasten bewegt werden müssen, sogar elementare Vorteile im Vergleich zur Batterie-Technologie. Das sehen auch immer mehr Experten in Wirtschaft und Politik so.

2020 ist die Politik in Sachen Wasserstoff aufgewacht, seit diesem Jahr drückt sie mit voller Kraft auf das Gaspedal. Unsere Recherchen haben ergeben, dass weltweit bereits rund 20 Länder eine Wasserstoff-Strategie mit oft milliardenschweren Förderprogrammen verabschiedet haben. Hier eine Länder-Auswahl mit dem Startjahr des Wasserstoff-Programms: Japan (2017), Frankreich (2018), Südkorea und Australien (2019), Niederlande, Deutschland, Norwegen, Spanien, Portugal, Russland, Chile und Finnland (2020).

Der bekannte französische Schriftsteller und Visionär Jules Verne schrieb schon 1875 in seinem Buch *„Die geheimnisvolle Insel"* folgendes über die Brennstoffzelle: *„Das Wasser ist die Kohle der Zukunft. Die Energie von morgen ist Wasser, das durch elektrischen Strom zerlegt worden ist. Die so zerlegten Elemente des Wassers, Wasserstoff und Sauerstoff, werden auf unabsehbare Zeit hinaus die Energieversorgung der Erde sichern."*

Das Wasserstoff-Investment. Reich. Reicher. Millionär.

Auch wenn die Kohle heute nicht mehr die führende Rolle als Energieträger innehat, wie noch zu Jules Vernes Zeiten, so kann man die Aussage des französischen Visionärs wie folgt umdeuten: Wenn sich die wasserstoffbasierte Brennstoffzellentechnologie in der Fahrzeugindustrie als Antriebsform durchsetzt, wird Wasser(stoff) das Öl der Zukunft. Daher möchten wir Sie mit dieser Studie auf den aktuellen Stand rund um die Diskussion um innovative Antriebstechnologien wie Wasserstoff und Elektromobilität bringen.

Und klar ist auch: Wer an der Börse frühzeitig auf die Wasserstoff-Gewinner von morgen setzt, wird in einigen Jahren üppige Gewinne einstreichen können. Halten Sie sich an das Erfolgsrezept der kanadischen Eishockeylegende Wayne Gretzky: *„Ich laufe dorthin, wo der Puck sein wird, nicht dorthin, wo er war."*

Erfolgreiche Börsengeschäfte wünschen Ihnen

Tobias Schöneich, Chefredakteur „Mittelstands-Depot"

Rolf Morrien, Chefredakteur „Der Depot-Optimierer"

Inhalt

Teil 1

Wasserstoff bzw. Brennstoffzellen-Technologie

Die Herstellung von Wasserstoff 10
Nutzung von Wasserstoff 12
Vorteile von Wasserstoff im Vergleich
zu anderen Energieträgern 19
Die Wasserstoff-Varianten: Von grün bis türkis 20
Nachteile von Wasserstoff als Energieträger 26
Wasserstoff auf dem Vormarsch 28
Ein wachsender Markt 30
Bosch entwickelt Brennstoffzellen-Trucks 31
Daimler will mit Wasserstoff-Lkw angreifen 32
Sinnvoller Einsatz der verschiedenen
Antriebskonzepte 33
Alstom mit 500-Mio-Euro-Auftrag bei
Brennstoffzellen-Zügen 34
Siemens setzt jetzt auch auf Wasserstoffkarte 36
Der Brennstoffzelle gehört die Zukunft, aber
reine Wasserstoff-Aktien sind zu riskant 37
Wasserstoff in der Automobilindustrie
noch mit geringer Priorität 42
Batteriebetriebenes E-Auto als Nischenprodukt 43

Das Wasserstoff-Investment. Reich. Reicher. Millionär.

Hyundai setzt vermehrt auf Brennstoffzellensysteme	44
Wie es mit Wasserstoff weitergeht	48
Wasserstoff-Roadmap	48
2020: Wasserstoff schafft den politischen Durchbruch	50
Wasserstoff-Profiteure	56
Equinor	56
2G Energy	60
CNH Industrial	62
Cummins	63
Air Products	66
Wasserstoff-Aktie Air Liquide	67
Evonik	67
ElringKlinger	68
Umicore	73
Voestalpine	74
BMW	75
RWE	78
ABB	80
H&R	81
Reine Wasserstoff-Aktien sind aus unserer Sicht derzeit zu riskant	82

Inhalt

Teil 2
Batteriebetriebene Elektromobilität

Marktanteile und Perspektiven 88

Zukunftsmarkt Elektromobilität:
Eine aktuelle Bestandsaufnahme............................... 88

Beitrag zum Umweltschutz 88

Nutzung von regenerativen Energien 89

Kostenersparnis möglich... 89

Nachteile der Elektromobilität 91

Darum können batteriebetriebene E-Autos
nicht die (einzige) Lösung sein 92

Für die Langstrecke: Keine ökologisch
sinnvollere Lösung als moderne Diesel...................... 93

Aumann: Mit diesem Unternehmen setzen
Sie auf die Verbreitung der E-Mobilität
(und Wasserstoff) 94

MBB: Aumann-Großaktionär und deutsche
Berkshire Hathaway.. 99

BYD: Buffetts E-Mobilitäts-Liebling mit
guten Nachrichten 103

Zum Abschluss: Kurzes Batterie-Update 2021 106

Das Wasserstoff-Investment. Reich. Reicher. Millionär.

Teil 3
Die wichtigsten Wasserstoff-Termine 2021 110

Teil 4
Über die Autoren

Tobias Schöneich 114
Rolf Morrien 116

Impressum 128

Wasserstoff kommt in der Natur nahezu unbegrenzt vor und steht im Periodensystem an erster Stelle. H2 steht für die chemische Formel von molekularem Wasserstoff.

Das Wasserstoff-Investment. Reich. Reicher. Millionär.

Teil 1

Wasserstoff bzw. Brennstoffzellen-Technologie

Teil 1: Wasserstoff bzw. Brennstoffzellen-Technologie

Die Herstellung von Wasserstoff

Bevor wir auf konkrete Anwendungsfelder und aktuelle Entwicklungen eingehen und Ihnen Unternehmen vorstellen, mit deren Aktien Sie auf die Boom-Branche Wasserstoff setzen können, möchten wir Ihnen einige grundlegende Dinge zum Thema erläutern. Zunächst werden wir Sie mit den unterschiedlichen Herstellungsverfahren von Wasserstoff vertraut machen.

Wasserstoff kann durch diverse chemische Verfahren hergestellt werden. In der Praxis werden zurzeit vor allem Reformierungsverfahren und die Elektrolyse zur Gewinnung von Wasserstoff angewandt.

Bei der Reformierung werden kohlenwasserstoffhaltige Energieträger (wie z.B. Erdgas, Methanol und Biogas) unter Hinzufügung von Wasser und Sauerstoff erhitzt und unter hohem Druck in Wasserstoff umgewandelt. Es benötigt mehrere Arbeitsschritte, bis im Rahmen der Reformierung aus Gas, Methanol oder Biogas reiner Wasserstoff hergestellt werden kann. Als Nebenprodukte entstehen dabei Wasserdampf, Kohlenmonoxid und Kohlendioxid und – je nach Verfahren – auch Stickstoffe. Das Dampf-Reformierungsverfahren hat einen Wirkungsgrad (Erdgas zu

Das Wasserstoff-Investment. Reich. Reicher. Millionär.

Wasserstoff) von 60 bis 70%. Dieses Verfahren ist die aktuell am weitesten verbreitete Methode zur Herstellung von Wasserstoff. Reformierungsverfahren haben den Nachteil, dass vor allem fossile – und somit nicht unbegrenzt vorhandene – Rohstoffe zum Einsatz kommen. Darüber hinaus fallen bei der Reformierung hohe CO_2-Emmissionen an.

Bei der Elektrolyse wird Wasser mit einer leitfähigen Flüssigkeit (z.B. Salze, Säuren, Basen) versetzt, die den Ionentransport ermöglicht. Unter Einsatz von Strom wird Wasser dann in seine Bestandteile Wasserstoff und Sauerstoff zerlegt. Der Wirkungsgrad liegt hier bei über 70%.

Der Hauptanteil der heutigen Wasserstoffproduktion entsteht als Neben- oder Koppelprodukt in Prozessen der (petro-)chemischen Industrie, die gleichzeitig auch Hauptabnehmer von Wasserstoff ist.

Weltweit werden jährlich etwa über 570 Mrd. Kubikmeter Wasserstoff durch Reformierung und circa 15 Mrd. Kubikmeter durch Elektrolyse erzeugt. Davon werden in Deutschland jährlich 20 Mrd. Kubikmeter erzeugt – Tendenz steigend.

Teil 1: Wasserstoff bzw. Brennstoffzellen-Technologie

Nutzung von Wasserstoff

Wasserstoff wird in der Praxis vornehmlich von den Industrien, die es in ihren Produktionsprozessen als Nebenprodukte erzeugen, auch verbraucht. So nutzt die Chemische Industrie Wasserstoff für die Düngerproduktion und die Erdölraffinerien zum Cracken von Kohlenwasserstoffen. Seit einigen Jahren wird Wasserstoff aber auch als ökologischer Energieträger in Brennstoffzellen eingesetzt. Dabei wandeln Brennstoffzellen im Rahmen einer chemischen Reaktion die im Wasserstoff gebundene Energie unter Zusatz von Sauerstoff in elektrische Energie um. Vereinfacht gesagt: Brennstoffzellen produzieren Strom aus Wasserstoff und Sauerstoff.

Wasserstoffbetriebene Blockheizkraftwerke (BHKW)

PEM-Brennstoffzellen werden vor allem in der Gebäudeversorgung eingesetzt. Die Brennstoffzellen-Heizungen werden mit Erd- oder Flüssiggas betrieben. Durch einen chemischen Prozess, der sogenannten kalten Verbrennung, wird aus dem Erdgas Wasserstoff gewonnen. Dieses erzeugt in der Brennstoffzelle zusammen mit Sauerstoff sowohl Wärme als auch Strom.

Das Wasserstoff-Investment. Reich. Reicher. Millionär.

Die Brennstoffzellen-Heizungen arbeiten also nach dem Prinzip der Kraft-Wärme-Kopplung. Das heißt, eine Brennstoffzelle erzeugt neben Wärme auch Strom. Da diese wasserstoffbasierten Heizsysteme einen hohen Wirkungsgrad erreichen, werden die kostspieligen Systeme in einigen Ländern wie Japan und Deutschland seit einigen Jahren subventioniert. So sind mittlerweile alleine in Japan schon über 300.000 Brennstoffzellenheizungen installiert worden. Seit dem 1. August 2016 werden stationäre Brennstoffzellenheizungen in Deutschland durch das Bundesministerium für Wirtschaft und Energie BMWi gefördert, wobei die Förderung bei der KfW beantragt wird.

Wasserstoffbetriebene Pkw

Brennstoffzellen finden zunehmend auch im Bereich der Elektromobilität Anwendung. Dabei wird der in der Brennstoffzelle gewonnene Strom zum Antrieb eines Elektromotors genutzt. Insbesondere die japanischen und südkoreanischen Automobilbauer sind schon früh in die Produktion von Pkw mit Brennstoffzellenantrieb eingestiegen.

Vorreiter waren Honda mit seinen FCX Clarity-Modellen und Toyota mit seinem Ende 2014 vorgestellten Serienmodell Toyota Mirai. Ein besonderer Marketing-

Teil 1: Wasserstoff bzw. Brennstoffzellen-Technologie

Brennstoffzellen finden zunehmend auch im Bereich der Elektromobilität Anwendung.

coup: Ein mit Wasserstoff betriebener Mirai wurde 2020 für Papst Franziskus zum „Papamobil" umgebaut. Auch der Papst fährt jetzt umweltfreundlich. Im Sommer 2018 hat auch der südkoreanische Anbieter Hyundai mit dem Hyundai Nexo ein Wasserstoff-Brennstoffzellen Pkw auf den Markt gebracht. Im November 2018 präsentierte Mercedes-Benz den GLC F-Cell. Wie die „Süddeutsche Zeitung" berichtet, lassen die Stuttgarter die Kleinserienfertigung des GLC F-Cell aktuell auslaufen, ohne dass ein Nachfolger in den Startlöchern steht. In den letzten Jahren wurden dem

Das Wasserstoff-Investment. Reich. Reicher. Millionär.

Bericht zufolge 3.000 Exemplare des Brennstoffzellen-SUV gebaut. Während VW sich vorerst komplett auf die Produktion batterieelektrischer Pkw konzentrieren will, plant BMW, bis Ende 2022 einige Wasserstoff-Brennstoffzellenautos auf Basis des X5 zu realisieren. Renault hat Ende 2019 mit dem Renault Kangoo Z.E. Hydrogen und Renault Master Z.E. Hydrogen gleich zwei wasserstoffbetriebene Kleintransporter auf den Markt gebracht.

Brennstoffzellen-Fahrzeuge sind (noch) sehr kostspielig in der Anschaffung. So ist z.B. der Hyundai Nexo ab 69.000 Euro und der Toyota Mirai ab 78.600 Euro zu haben. Der Mercedes GLC F-Cell kann nur von ausgewählten Mercedes-Stammkunden geleast werden. Die Leasingraten begannen bei 799 Euro pro Monat.

Problematisch war in der Startphase die relativ geringe Reichweite der Brennstellenfahrzeuge. Diese liegen zwischen 300 km beim GLC F-Cell und ca. 500 km beim Mirai und mittlerweile bei 756 km beim Nexo. Auch das relativ dünne Wasserstoff-Tankstellennetz verführt nicht gerade zu einem Kauf dieser Fahrzeuge. Aktuell sind knapp 100 Wasserstofftankstellen vom Anbieter H2 Mobility eröffnet. Dem Bundesministerium für Verkehr und digitale Infrastruktur (BMVI) und H2 Mobility zufolge soll es bis Jahresende 2021 bis zu 130 Wasserstofftankstellen in Deutschland geben.

Teil 1: Wasserstoff bzw. Brennstoffzellen-Technologie

So ist es nicht überraschend, dass wasserstoffbetriebene Fahrzeuge noch eine absolute Seltenheit sind: Ende 2019 gab es weltweit nur knapp 12.000 Autos mit Brennstoffzellentechnik. In Deutschland waren laut Kraftfahrzeug-Bundesamt am 1. Januar 2020 gerade einmal 507 Wasserstofffahrzeuge zugelassen.

Wasserstoffbetriebene Nutzfahrzeuge

Im Bereich der wasserstoffbetriebenen Nutzfahrzeuge ist in den vergangenen Monaten richtig Bewegung gekommen. Fast wöchentlich kann man in der Fachpresse über die Prototyp-Entwicklung neuer Brennstoffzellen-Lkw lesen. Auch über länderübergreifende Allianzen zwischen klassischen Lkw-Herstellern und Wasserstoffspezialisten wird viel berichtet. So ist Daimler eine Kooperation mit dem schwedischen Mitbewerber Volvo eingegangen. Ziel dieses Joint-Ventures ist es, ab 2025 schwere Brennstoffzellen-Nutzfahrzeuge in Serie zu produzieren.

Die koreanische Hyundai Motor kooperiert mit dem französischen Automobilzulieferer Faurecia, um bereits ab diesem Jahr erste Schwerlast-Lkw auf die Straße zu bringen. Toyota erprobt bereits einen Wasserstoff-Lkw gemeinsam mit dem US-amerikanischen Lastwagenhersteller Kenworth. Auch Iveco arbeitet in Zusammenarbeit mit Bosch und dem US-amerikanischen Start-up Nikola Motor Company an einem was-

Das Wasserstoff-Investment. Reich. Reicher. Millionär.

serstoffbetriebenen Brummi. Weitere Lkw-Produzenten wie die VW-Töchter Scania und MAN entwickeln eigene Konzepte, um ihre Lkw mit Brennstoffzellen-Technologie auszurüsten.

Auch im öffentlichen Personennahverkehr (ÖPNV) hat die Brennstoffzellen-Technologie Einzug gehalten. So fahren in Norddeutschland erste Wasserstoffzüge, und wasserstoffbetriebene Busse werden bereits in diversen Städten Deutschlands eingesetzt. Seit September 2018 sind die ersten zwei Wasserstoffzüge des französischen Triebwagenbauers Alstom im Elbe-Weser Netz im regelmäßigen Fahrgasteinsatz. Ab 2021 setzt die Landesnahverkehrsgesellschaft Niedersachsen (LNVG) weitere 14 Coradia iLint-Triebwagen ein und wird mit den umweltfreundlichen Brennstoffzellenzügen Reisende zwischen Cuxhaven, Bremerhaven, Bremervörde und Buxtehude im regulären Einsatz befördern.

Wasserstoffbetriebene Busse werden in Deutschland von diversen Verkehrsverbünden bzw. Stadtwerken benutzt, wie z.B. in Köln, Wuppertal und am Münchener Flughafen. Die Hamburger Hochbahn hat ihre seit 2010 im Probebetrieb genutzten vier Wasserstoff-Busse 2019 allerdings ausgemustert.

Auch im Logistik-Sektor finden Wasserstoff-Brennstoffzellen eine stetig zunehmende Anzahl an Abnehmern. Sie werden dort vor allem zum Antrieb von

Teil 1: Wasserstoff bzw. Brennstoffzellen-Technologie

Gabelstaplern und Hubwagen eingesetzt. Da in geschlossenen Lager- und Fabrikhallen der Einsatz von luftverschmutzenden Verbrennungsmotoren verboten ist, bieten wasserstoffbetriebene Gabelstapler dort – neben batterie- und gasbetriebenen Fahrzeugen – eine gute Alternative. Ein weiterer Vorteil der wasserstoffbetriebenen Gabelstapler liegt in der wesentlich kürzeren Ladezeit. Die Betankung mit Wasserstoff ist in wenigen Minuten möglich, während die Aufladung von Batterien mehrere Stunden in Anspruch nimmt. Weltweit sind bereits ca. 20.000 wasserstoffbetriebene Gabelstapler im Einsatz – Tendenz steigend. Alleine in den USA, wo brennzellenbetriebene Stapler bisher massiv subventioniert wurden, sind mehr als 16.500 dieser Wasserstoff-Stapler im Gebrauch.

Der Flugzeug-Riese Airbus hat einen industriellen Partner mit Wasserstoff-Expertise gesucht. Die in den Medien hoch gehandelten Kandidaten wie PowerCell und Plug Power gingen jedoch leer aus. Den Zuschlag erhielt ein über 100 Jahre alter Autozulieferer aus dem Schwabenland: ElringKlinger (gegründet 1879).

In der U-Boot-Produktion gibt es mit der U-Boot Klasse 212 A ein erstes serienmäßig hergestelltes Modell mit Brennstoffzellen-Zusatzantrieb für Unterwasserfahrten, das von einer Arbeitsgemeinschaft der Howaldtswerke-Deutsche Werft Kiel (HDW) und der Nordseewerke Emden entwickelt wurde.

Das Wasserstoff-Investment. Reich. Reicher. Millionär.

Vorteile von Wasserstoff im Vergleich zu anderen Energieträgern

Wasserstoff ist auf der Erde – und auch in unserem Sonnensystem – das häufigste chemische Element. Anders als in der Sonne und den meisten Planeten unseres Sonnensystems kommt Wasserstoff auf der Erde allerdings fast nur in gebundener Form, wie z.B. im Wasser, und nur sehr selten als reines Gas vor. Da aber Wasser und andere wasserstoffhaltige Materialien, wie z.B. Gas, Mineralien, Biobrennstoffe und Klärschlamm, quasi in unbegrenzter Menge zur Verfügung stehen, ist der Energieträger Wasserstoff ebenfalls in nahezu unbegrenzten Mengen verfügbar.

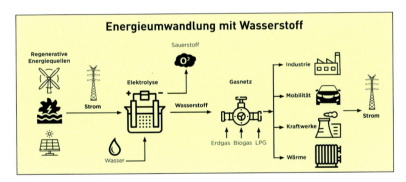

Die Nutzung von Wasserstoff zur Energieherstellung in Brennstoffzellen ist sehr umweltfreundlich, da hier keine umweltschädlichen Stoffe wie CO_2, Stickstoffe oder Feinstaub freigesetzt werden. In einer Brennstoffzelle reagiert der Wasserstoff zusammen mit Sauer-

Teil 1: Wasserstoff bzw. Brennstoffzellen-Technologie

Wasserstoff ist umweltfreundlich und somit zukunftsweisend.

stoff aus der Luft. Dabei entstehen Strom, Wärme und als Abfallprodukt Wasser. Da allerdings für die Abtrennung/Gewinnung von Wasserstoff elektrische Energie benötigt wird, kann es bei der Stromherstellung auch zu umweltschädlichen Emissionen kommen. Wird der Strom jedoch aus erneuerbaren Energien gewonnen, ist der gesamte Herstellungsprozess weitgehend emissionsfrei. In diesem Fall spricht man auch von „grünem Wasserstoff".

Die Wasserstoff-Varianten: Von grün bis türkis

Wir möchten dieses Buch nutzen, um Ihnen die Wasserstoff-Farbenlehre näher zu bringen. Beginnen wir mit grünem Wasserstoff.

Grüner Wasserstoff

Grüner Wasserstoff wird durch den chemischen Prozess der Elektrolyse von Wasser hergestellt, wobei für die Elektrolyse ausschließlich Strom aus erneuerbaren Energien zum Einsatz kommt. Unabhängig von der gewählten Elektrolysetechnologie erfolgt die Produktion von grünem Wasserstoff komplett ohne Emission von CO_2, da der eingesetzte Strom zu 100% aus erneuerbaren Quellen stammt.

Grauer Wasserstoff

Der sogenannte graue Wasserstoff wird aus fossilen Brennstoffen gewonnen. Für gewöhnlich wird bei der Herstellung des grauen Wasserstoffs Erdgas unter Hitze in Wasserstoff und CO_2 umgewandelt. Dieser Vorgang nennt sich Dampfreformierung. Das CO_2 wird anschließend ungenutzt in die Atmosphäre abgegeben und verstärkt so den globalen Treibhauseffekt. Die Ökobilanz sieht wie folgt aus: Bei der Produktion einer Tonne Wasserstoff entstehen rund zehn Tonnen CO_2.

Blauer Wasserstoff

Blauer Wasserstoff ist grauer Wasserstoff, dessen CO_2 bei der Entstehung jedoch abgeschieden und gespeichert wird. Das bei der Wasserstoffproduktion erzeugte CO_2 gelangt so nicht in die Atmosphäre, und die Wasserstoffproduktion kann als CO_2-neutral betrachtet werden.

Teil 1: Wasserstoff bzw. Brennstoffzellen-Technologie

Türkiser Wasserstoff

Kommen wir zum letzten Teil der Wasserstoff-Farbenlehre. Der letzte Punkt ist türkiser Wasserstoff, der über die thermische Spaltung von Methan hergestellt wurde. Dieser Vorgang wird als Methanpyrolyse bezeichnet. Anstelle von CO_2 entsteht dabei fester Kohlenstoff. Voraussetzungen für die CO_2-Neutralität des Verfahrens sind die Wärmeversorgung des Hochtemperaturreaktors aus erneuerbaren Energiequellen, sowie die dauerhafte Bindung des Kohlenstoffs.

Perspektivisch ist grüner Wasserstoff die 1. Wahl

Die Bundesregierung hat vor wenigen Wochen die „Nationale Wasserstoffstrategie" beschlossen. Sie soll grünen Wasserstoff marktfähig machen und seine industrielle Produktion, Transportfähigkeit und Nutzbarkeit ermöglichen. Grüner Wasserstoff ist dabei aus ökologischer Sicht die 1. Wahl.

Auf dem Weg dahin wird aber auch Wasserstoff anderer Couleur benötigt. Es sind riesige Wasserstoff-Projekte in der Entwicklung, aber es vergehen noch einige Jahre, bis dieser grune Wasserstoff in ausreichend großen Mengen produziert wird. Das weltweit größte Projekt stellen wir Ihnen jetzt vor.

Das Wasserstoff-Investment. Reich. Reicher. Millionär.

Air Products startet weltweit größtes Projekt für grünen Wasserstoff

Das amerikanische Unternehmen Air Products, ein vor über 80 Jahren gegründeter Industriegasehersteller, hat 2020 mit ACWA Power und NEOM aus Saudi-Arabien eine Vereinbarung über den Bau einer mit erneuerbaren Energien betriebenen Ammoniak-Produktionsanlage auf Basis von grünem Wasserstoff unterschrieben. Das Projekt kommt insgesamt auf ein Volumen von 5 Mrd. US-Dollar.

Das weltweit größte Projekt für grünen Wasserstoff wird 650 Tonnen kohlenstofffreien Wasserstoff pro Tag für den Export in die globalen Märkte produzieren! Ein Meilenstein in der Wasserstoff-Historie. Die Anlage, die 2025 in Betrieb genommen werden soll, wird zu gleichen Teilen den drei Partnern gehören und sich in Saudi-Arabien befinden.

Darüber hinaus haben Air Products und der deutsche Konzern Thyssenkrupp kürzlich eine exklusive strategische Partnerschaft für industrielle Elektrolyseanlagen zur Erzeugung von grünem Wasserstoff vereinbart.

Teil 1: Wasserstoff bzw. Brennstoffzellen-Technologie

Wer grünen Wasserstoff will, muss auch grünen Strom fördern

Grüner Strom (Solarenergie, Windkraft etc.) ist untrennbar mit grünem Wasserstoff verbunden. Nur wenn ausreichend viel grüner Strom vorhanden ist, können wir auch die Nachfrage nach grünem Wasserstoff befriedigen.

Hier einige börsennotierte Unternehmen aus Deutschland, die auf grünen Strom setzen:

1) Encavis (WKN: 609500) gehört zu den größten Anbietern von Solar- und Windparks in Deutschland.

2) RWE (WKN: 703712) entwickelt sich in der Energiebranche vom Saulus zum Paulus und will ein führender Ökostrom-Anbieter in Europa werden.

3) Im „langweiligen" Agrarkonzern BayWa (WKN: 519406) versteckt sich die Perle BayWa renewable energy GmbH (BayWa r.e.) mit zahlreichen Solar- und Windenergieprojekten.

Das Wasserstoff-Investment. Reich. Reicher. Millionär.

Wasserstoff: Effektiv und überall nutzbar

Wasserstoff ist im Vergleich zu herkömmlichen fossilen Energieträgern, wie z.B. Holz, Kohle, Benzin und Heizöl, sehr effektiv nutzbar. So enthält 1 kg Wasserstoff soviel Energie wie 2,8 kg Benzin.

Ein weiterer Vorteil liegt darin begründet, dass Wasserstoff in jedem Land der Erde hergestellt werden kann. Auch Länder, die über keine oder nur wenige fossilen Energiequellen verfügen, können sich selbst mit Energie aus Wasserstoff versorgen, ohne auf ausländische Energieversorger angewiesen zu sein. Dadurch kann die Abhängigkeit von internationalen Energiekartellen, wie z.B. die der OPEC-Staaten, deutlich reduziert oder sogar ausgelöscht werden.

Mit Hilfe von Wasserstoff kann überschüssige Energie, wie sie saisonal im Bereich der Wind- und Solarenergie anfällt, effektiv gespeichert und auch leicht transportiert werden. Hierfür wird der überschüssige Wind- oder Solar-Strom zur Abtrennung/Herstellung von Wasserstoff genutzt. Verwandelt in Wasserstoff wird Strom aus erneuerbaren Energien transportabel und zeitversetzt nutzbar gemacht.

Teil 1: Wasserstoff bzw. Brennstoffzellen-Technologie

Im Bereich der Elektromobilität sind wasserstoffbetriebene Fahrzeuge aufgrund ihrer Reichweitenvorteile gegenüber batteriebetriebenen Fahrzeugen deutlich im Vorteil. Ein weiterer Pluspunkt: Bei großen Reichweiten sind Brennstoffzellenfahrzeuge klimafreundlicher als Batteriefahrzeuge. Dies ergab eine aktuelle Studie des Fraunhofer-Instituts für Solare Energiesysteme. Darüber hinaus spricht ein weiterer Faktor für den Energieträger Wasserstoff: Während das Aufladen von Batteriefahrzeugen stundenlang dauert ist ein Auto mit Brennstoffzelle in wenigen Minuten aufgetankt.

Nachteile von Wasserstoff als Energieträger

Ein gravierender Nachteil des Wasserstoffs gegenüber anderen Energieträgern sind die (noch) hohen Produktionskosten. Insbesondere im Elektrolyseverfahren ist der Energieaufwand bei der Wasserstoffproduktion hoch. Auch das in den Brennstoffzellen als Katalysator eingesetzte Platin ist sehr teuer. An preiswerteren Alternativen zum kostspieligen Edelmetall wird geforscht.

Da bei der Herstellung von Wasserstoff sehr viel Strom benötigt wird, entstehen – je nach Produktion des ver-

Das Wasserstoff-Investment. Reich. Reicher. Millionär.

wendeten Stroms – auch Emissionen. Dieser Nachteil kann jedoch vermieden werden, wenn für die Stromherstellung regenerative Energiequellen genutzt werden.

Auch beim Transport von Wasserstoff fallen Energiekosten an. Für den Transport muss der gasförmige Wasserstoff entweder unter Druck gesetzt (200 bis 700 bar) oder verflüssigt werden. Flüssiger Wasserstoff hat 99,9% weniger Volumen als Wasserstoff in gasförmigen Zustand. Flüssig wird Wasserstoff allerdings erst bei minus 253 Grad Celsius. Dabei benötigt die Kühlung deutlich mehr Energie als die Kompression.

Ein weiterer Nachteil: Die Energieeffizienz von Brennstoffzellen in Autos fällt deutlich schlechter aus als die von batteriebetriebenen Fahrzeugen. Während batterieelektrische Autos einen Wirkungsgrad von ca. 90% haben, liegt dieser bei Brennstoffzellen-Autos bei gut 50%. Wesentlich schlechter schneiden jedoch die klassischen Verbrennungsmotoren ab: Ottomotoren erreichen einen Wirkungsgrad von lediglich 25%, Dieselmotoren liegen bei etwa 33%.

Auch die noch fehlende Infrastruktur ist ein großes Problem: In Deutschland gibt es aktuell nur knapp 100 regenerative Wasserstofftankstellen.

Teil 1: Wasserstoff bzw. Brennstoffzellen-Technologie

Bis Ende dieses Jahres soll die Zahl auf bis zu 130 steigen. Wer mit einem wasserstoffbetriebenen Fahrzeug nach Überwindung der Corona-Krise in Urlaub fahren will, muss seine Reise daher gut planen. Denn insbesondere im europäischen Ausland sind Wasserstofftankstellen Mangelware. Zudem sind die Preise für Wasserstoff-Autos derzeit noch zu hoch. Allerdings würde eine Vergrößerung der Produktionsmenge (Massenfertigung) die Preise deutlich senken.

Wasserstoff auf dem Vormarsch

Unsere generelle Einschätzung zur „Mobilität von morgen": Wir benötigen batteriebetriebene E-Mobilität und die Brennstoffzelle bzw. Wasserstoffantriebe. Darüber hinaus benötigen wir aber auch noch für viele Jahre den klassischen Verbrennungsmotor. Unseres Erachtens werden wir die Mobilitätswende nicht hinbekommen, wenn wir nur auf eine Technologie setzen oder eine der genannten Technologien mittelfristig ausklammern (das gilt explizit auch für Verbrenner).

Im Frühjahr 2018 sorgte VW-Chef Herbert Diess für Schlagzeilen, als er sich festlegte und sagte, dass der Elektromotor der Antrieb der Zukunft sei und dass VW daher ausschließlich auf diese Technologie setze. Wir halten diese Einschätzung und dieses Vorgehen für falsch. Es dürfte auch eher ein PR-Werbespruch nach

Das Wasserstoff-Investment. Reich. Reicher. Millionär.

dem Motto: „VW hat aus dem Diesel-Skandal gelernt und wird jetzt E-Mobilitäts-Vorreiter" gewesen sein. VW-Tochtergesellschaften sollen jedoch weiterhin mit Hochdruck an Wasserstoff-Lösungen arbeiten, ist aus gut informierten Kreisen zu hören.

Daher setzen wir Aktien aus verschiedenen Bereichen der Mobilität auf unsere Favoritenliste. Wir analysieren Unternehmen, die auf moderne Verbrennungsmotoren setzen, aber auch verstärkt Unternehmen, die zu den Profiteuren der voranschreitenden Verbreitung von E-Mobilität und Brennstoffzellen-Technologie gehören.

Flexibler Einsatz durch Speicherung der Energie, die mit Hilfe der Wasserstoffbrennstoffzelle gewonnen wird, in Batterien.

Teil 1: Wasserstoff bzw. Brennstoffzellen-Technologie

Ein wachsender Markt

Laut dem Beratungsunternehmen E4tech wurden 2019 weltweit 70.000 Brennstoffzellen-Systeme ausgeliefert. Das entspricht einer elektrischen Leistung von über 1,1 Gigawatt. Der nominelle Anstieg der Brennstoffzellen-Systeme wurde mit rund 45.000 Auslieferungen von japanischen Kraft-Wärme-Kopplungsgeräten dominiert.

2020 dürfte laut E4tech ein noch besseres Jahr gewesen sein (die Zahlen liegen zum aktuellen Zeitpunkt – Anfang 2021 – noch nicht vor), das im Bereich Wasserstoff-Pkw von Hyundai und Toyota dominiert wird. Es wird erwartet, dass auch der japanische Brennstoffzellenmarkt weiterhin zum Wachstum beitragen wird. Korea ist ein weiterer Wachstumsmarkt: Laut neuester Planung sollen große Teile der südkoreanischen Wirtschaft bis 2040 auf Wasserstoffenergie umgestellt werden.

Ein weiteres Beispiel für das Wachstum im Wasserstoffsektor ist das deutsche Traditionsunternehmen Bosch, das im Geschäft mit mobilen Brennstoffzellen großes Potenzial sieht. Bis 2030 werden nach Schätzung des Unternehmens bis zu 20% aller Elektrofahrzeuge weltweit mit Brennstoffzellen angetrieben, wobei der Konzern (ebenso wie wir) das größte Potenzial im Bereich der Nutzfahrzeuge sieht.

Das Wasserstoff-Investment. Reich. Reicher. Millionär.

Bosch entwickelt Brennstoffzellen-Trucks

Bosch glaubt an einen Milliardenmarkt mit Brennstoffzellen. Vor allem bei Lkw wird der Einsatz dieser Technologie sehr lohnend sein, da hier die Kostenthematik weniger ins Gewicht fällt als bei Personenkraftwagen. Zudem ist in einem Lkw viel mehr Platz vorhanden, um die Technik zu installieren. Während es Bosch vor nicht allzu langer Zeit noch zu teuer und zu riskant war, auf die Serienfertigung von Batteriezellen zu setzen, baut der weltweit größte Autozulieferer nun also auf die Brennstoffzelle.

„Bosch steigt in den Markt für mobile Brennstoffzellen ein und treibt die Industrialisierung konsequent voran",

so Bosch-Geschäftsführer Stefan Hartung. Damit könnte Bosch beim Rennen um den Antriebsstrang der Zukunft doch noch in die Pole Position kommen.

Teil 1: Wasserstoff bzw. Brennstoffzellen-Technologie

Daimler will mit Wasserstoff-Lkw angreifen

„Die Brennstoffzelle ist keine exotische Lösung, sondern wird bei Trucks zum Mainstream."

Dieses Zitat stammt von Martin Daum, Chef der Lkw-Sparte von Daimler, die in diesem Jahr abgespalten und an die Börse gebracht werden soll. Daimler will die Diesel-Lkw schrittweise ersetzen und geht ab diesem Jahr in Serienfertigung mit seinem ersten schweren Elektro-Truck. Für die richtig langen Strecken setzt der Autobauer parallel auf Laster mit Brennstoffzellen.

„Je leichter die Ladung und je kürzer die Distanz, desto eher wird die Batterie zum Einsatz kommen",

so Martin Daum, Chef der Lkw-Sparte von Daimler, bei der Präsentation des Brennstoffzellen-Trucks GenH2.

„Je schwerer die Ladung und je länger die Distanz, desto eher wird die Brennstoffzelle das Mittel der Wahl sein", so Daum weiter.

Das Wasserstoff-Investment. Reich. Reicher. Millionär.

„Wenn wir auf die Langstrecke gehen, müssen wir zusätzlich zu rein batterieelektrisch angetriebenen Lkw auch auf die Brennstoffzelle gehen."

Die Wasserstoff- bzw. Brennstoffzellen-Lkw von Daimler sollen auf eine Reichweite von bis zu 1.000 km kommen. Ab 2023 soll der Truck von Daimler mit Kunden erprobt werden, und in der 2. Hälfte dieses Jahrzehnts (also ab 2025) ist der Serienstart geplant. Spätestens 2039 soll die komplette Nutzfahrzeugflotte von Daimler CO_2-neutral sein.

Daimler setzt bei seinen Lkw nicht etwa auf gasförmigen Wasserstoff, sondern auf flüssigen Wasserstoff (LH2). Der Vorteil: Die Tanks sind kleiner und wegen des geringeren Drucks (bei gasförmigem Wasserstoff sind meist 700 bar üblich) auch deutlich leichter.

Sinnvoller Einsatz der verschiedenen Antriebskonzepte

Wie bereits erwähnt, sind wir davon überzeugt, dass wir auf einen Mix aus verschienen Antriebskonzepten setzen sollten. Bei kleinen Stadtfahrzeugen, die täglich maximal ein bis zwei Stunden im Einsatz sind, sollte die E-Mobilität der Antrieb der Zukunft sein.

> Teil 1: Wasserstoff bzw. Brennstoffzellen-Technologie

Bei Nutzfahrzeugen (Lkw, Transporter, Bussen usw.) sollte eher auf die Brennstoffzelle gesetzt werden und bei Pkw, die täglich oder beinahe täglich größere Strecken zurücklegen, sind moderne Verbrennungsmotoren noch auf Jahre hinaus die beste Alternative.

Alstom mit 500-Mio-Euro-Auftrag bei Brennstoffzellen-Zügen

Auch der französische Siemens-Konkurrent Alstom (eine Fusion zwischen beiden Unternehmen wurde vor einiger Zeit seitens der Wettbewerbshüter untersagt) setzt auf Brennstoffzellen-Technologie. Das Unternehmen verkauft für rund 500 Mio. Euro 27 Brennstoffzüge an einen deutschen Kunden. Alstom hat bereits auf der Verkehrstechnik-Messe Innotrans im Jahr 2016 in Berlin den sogenannten Coradia iLint, einen CO_2-emissionsfreien Regionalzug, vorgestellt.

Damit wurde der französische Konzern zum weltweit ersten Unternehmen, das einen Personenzug entwickelt hat, der mit Wasserstoff angetrieben wird. Von diesen Zügen hat die RMV-Tochter *„Fahma"* insgesamt 27 Stück zum Fahrplanwechsel 2022/2023 bestellt. Zur Erläuterung: RMV steht für den Rhein-Main-Verkehrsverbund. Das Gesamtvolumen des Großauftrags beläuft sich auf 500 Mio. Euro.

Das Wasserstoff-Investment. Reich. Reicher. Millionär.

Der Auftrag beinhaltet auch die Versorgung mit Wasserstoff am Industriepark Höchst, die Instandhaltung sowie Reservezüge für die nächsten 25 Jahre, wie die beteiligten Unternehmen mitteilten. Der RMV teilt zudem mit, dass damit die größte Brennstoffzellen-Flotte der Welt auf Hessens Schienen unterwegs sein wird. Entsprechend bezeichnet RMV-Chef Knut Ringat das Projekt als

„Riesenschritt in Richtung einer Mobilität ohne Schadstoffe."

Schon der 2. Großauftrag für Alstom

Dieser Großauftrag ist für Alstom schon der zweite im Bereich der Brennstoffzellenzüge. Rund um die norddeutsche Stadt Bremervörde rollen bereits zwei Demonstrationszüge. Bis zum Ende dieses Jahres sollen dann 14 Züge für die Landesnahverkehrsgesellschaft Niedersachsen einsatzbereit sein.

Teil 1: Wasserstoff bzw. Brennstoffzellen-Technologie

Siemens setzt jetzt auch auf Wasserstoffkarte

Anfang Oktober 2020 wurde bekannt, dass Siemens Energy und Siemens Mobility ein sogenanntes Memorandum of Understanding unterzeichnet haben, um gemeinsam Wasserstoffsysteme für Schienenfahrzeuge anzubieten. Ein konkreter Zeitplan wurde zunächst aber nicht genannt.

Mit der Forschungskooperation wollen beide Unternehmen eine Lösung entwickeln, um dieselbetriebene Triebwagen zu ersetzen. Auf Streckenabschnitten ohne Oberleitung werden solche Triebwagen derzeit noch regelmäßig eingesetzt. Und in Deutschland fehlen Oberleitungen auf rund 50% der Strecken.

Da in den kommenden 20 Jahren in ganz Europa mehrere Tausend dieselelektrische Triebwagen durch umweltfreundlichere Modelle ersetzt werden sollen, winkt dem Siemens-Konzern und der jüngsten Abspaltung Siemens Energy (hier ist der Siemens-Konzern aber auch noch Großaktionär) eine große Chance.

Das Wasserstoff-Investment. Reich. Reicher. Millionär.

Der Brennstoffzelle gehört die Zukunft, aber reine Wasserstoff-Aktien sind zu riskant

Sie sehen: Die Brennstoffzellentechnologie verbreitet sich zunehmend. Allerdings wird es auch hier nicht so schnell gehen, wie es sich einige Investoren von der E-Mobilität erhofft haben. Daher werden einige derzeit maßlos überbewertete Wasserstoff-Aktien wie Kartenhäuser zusammenstürzen, wenn sich diese Erkenntnis verbreitet.

Aber keine Sorge: Davon sind Sie nur dann betroffen, wenn Sie auf Unternehmen setzen, die ausschließlich im Bereich Wasserstoff bzw. der Brennstoffzellentechnologie tätig sind und aktuell zu Mondpreisen an der Börse gehandelt werden.

Obwohl wir von einer Boom-Branche sprechen, müssen wir die Erwartungen etwas dämpfen: Die Kurse vieler Wasserstoff-Aktien sind viel zu weit nach oben geschossen. Hier haben wir eine spekulative Blase am Kapitalmarkt. Einen ähnlichen Fall gab es rund um die Jahrtausendwende:

Die Internet-Technologie hat vor 20 Jahren eine wirtschaftliche Revolution ausgelöst. Die Aktienkurse von Amazon, Cisco, Microsoft etc. erlebten damals einen

Teil 1: Wasserstoff bzw. Brennstoffzellen-Technologie

raketenhaften Anstieg. Umsatz und Gewinn konnten damals aber nicht mithalten. Es hat fast 20 Jahre gedauert, bis die Internet-Unternehmen in die Kursregionen von damals hineingewachsen sind.

Ähnlich sieht es heute in der Wasserstoff-Branche aus. Viele reine Wasserstoff-Unternehmen spiegeln heute Umsätze und Gewinne des Jahres 2030 wider. Die Aktienkurse haben sich hier von der wirtschaftlichen Realität abgekoppelt.

Es folgen zwei Beispiele, wie eine fundamental angemessene Börsenbewertung aussehen kann:

Der Anlagenbauer **2G Energy** produziert Blockheizkraftwerke, die auch mit Wasserstoff laufen. 2G ist technologisch ein Top-Player, sodass sogar DAX-Schwergewichte wie Siemens auf die 2G-Technologie setzen. Schauen wir jetzt auf die Gewinnmargen von 2G: Je 100 Mio. Euro Umsatz erzielte der Anlagenbauer zuletzt einen Nettogewinn von knapp 5 Mio. Euro. Die Gewinnmarge liegt also bei knapp 5%. An der Börse wird 2G als Wachstumswert betrachtet und kommt auf ein Kurs-Gewinn-Verhältnis von 38. Das ist bereits sehr sportlich. Als absolute Obergrenze sehe ich hier fundamental ein KGV von 40. Eine weitere Bewertungskennzahl: Der Börsenwert von 2G ist in etwa doppelt so hoch wie der Jahresumsatz. Das Kurs-Umsatz-Verhältnis (KUV) liegt also bei 2.

Das Wasserstoff-Investment. Reich. Reicher. Millionär.

Auf der Wasserstoff-Beobachtungsliste haben wir zusätzlich einen Maschinen- und Anlagenbauer aus dem deutschsprachigen Raum, den wir zur Zeit unter die Lupe nehme und prüfen, ob eine Neu-Empfehlung in Frage kommt. Das Unternehmen kommt auf einen Marktanteil von rund 30% und ist damit ganz klar der Weltmarktführer. Wir reden also auch hier von einem Weltklasse-Unternehmen. Das Bonbon: Auch dieses Unternehmen hat sehr starke Produkte im Bereich Wasserstoff-Technologie im Portfolio. Die Gewinnmarge (Relation Nettogewinn zu Umsatz) lag zuletzt bei 6,3%. Blicken wir auf die Bewertung: Das Unternehmen kommt aktuell auf ein KGV von 23 und auf ein KUV von 1,7. Die Bewertung ist sogar noch etwas günstiger als bei 2G, da hier die Wachstumsraten niedriger sind.

Blicken wir jetzt auf die in den Medien und Anleger-Foren gefeierten Wasserstoff-Aktien. Ich wähle bewusst nicht einen schwachen Kandidaten aus, sondern ein solides Unternehmen mit bestehenden Umsätzen, guten Industrie-Partnern und einer starken Produkt-Pipeline. Die Rede ist von **Plug Power**.

Laut Analysten-Datenbank steigert Plug Power den Umsatz 2021 auf 444 Mio. USD und 2022 auf 677 Mio. USD. Phantastische Wachstumsraten! Aber: Der Börsenwert liegt aktuell bei 33 Mrd. USD! Das Kurs-Umsatz-Verhältnis liegt bei 109 (2020), 74 (2021) und 49 (2022). Noch einmal zum Vergleich: **Im Geschäfts-**

Teil 1: Wasserstoff bzw. Brennstoffzellen-Technologie

jahr 2020 hatten Plug Power und 2G in etwa den gleichen Jahresumsatz. Der Börsenwert von 2G liegt aber bei „nur" 440 Mio. Euro, der Börsenwert von Plug Power bei 33 Mrd. Euro.

Diese gigantische Bewertungslücke könnte erklärt werden, wenn Plug Power eine traumhafte Gewinnmarge hätte. Laut Analysten-Datenbank wird Plug Power jedoch 2020, 2021 und auch 2022 Verluste erwirtschaften. Ein KGV ist daher erst gar nicht messbar.

Wenn wir davon ausgehen, dass sich Plug Power als Anlagenbauer etabliert und mittelfristig auf ein Kurs-Umsatz-Verhältnis von 2 kommt, müsste der Umsatz von zuletzt 300 Mio. USD auf 16,5 Mrd. USD steigen. Ob ein solcher Jahresumsatz vor dem Jahr 2030 erreicht wird, kann ich heute noch nicht abschätzen.

Angesichts dieser Zahlen verstehen Sie jetzt vielleicht den Vergleich mit den Internet-Aktien aus dem Jahr 2000: Die Technik war damals revolutionär, die Wachstumsraten waren riesig und die Marktführer wie Amazon waren Weltklasse. Dennoch hat es fast 20 Jahre gedauert, bis die Umsätze und Gewinne die Rekordaktienkurse aus dem Jahr 2000 gerechtfertigt haben. Und in den Jahren dazwischen gab es harte Zeiten für die Besitzer von Internet-Aktien.

Das Wasserstoff-Investment. Reich. Reicher. Millionär.

Und noch einmal: Mit Plug Power haben wir sogar ein Positiv-Beispiel ausgewählt. In der Branche gibt es auch Unternehmen mit zweistelligen Millionenumsätzen, die dennoch auf Börsenbewertungen weit im Milliardenbereich kommen.

Müssen oder sollten Sie jetzt alle Wasserstoff-Aktien über Nacht verkaufen? Das möchten wir auf keinen Fall empfehlen! Sie müssen nur eine Sache bedenken: Es gibt an der Börse zwei Arten von Wasserstoff-Aktien:

1) Spekulative Wasserstoff-Unternehmen mit roten Zahlen und einem Kurs-Umsatz-Verhältnis von über 50. Das sind jeweils spekulative Börsen-Investments. Mit kleinen Beträgen können Sie hier im Börsen-Casino mitspielen.

2) Etablierte Maschinen- und Anlagenbauer, Technologie-Unternehmen und Gasehersteller, die im Kerngeschäft hohe Umsätze und Gewinne erwirtschaften und zusätzlich eine Wasserstoff-Sparte aufgebaut haben. Diese Unternehmen bekommen Sie an der Börse zurzeit noch zu „normalen" Preisen und haben als Wachstumsmotor den Wasserstoff-Joker. Das sind Börsen-Investitionen (Geldanlage auf Basis fundamentaler Daten).

Hier in dieser Wasserstoff-Studie konzentrieren wir uns auf Unternehmen, die messbare Umsätze und Gewinne

Teil 1: Wasserstoff bzw. Brennstoffzellen-Technologie

erwirtschaften und auch eine allgemeine Konjunkturkrise oder Branchenschwäche überleben würden.

Eine Auswahl passender Unternehmen, auf die wir später zum Teil noch ausführlich eingehen: **2G Energy** (Anlagenbau), **Air Liquide** und **Air Products** (Wasserstoff-Produzenten und Hersteller Wasserstoff-Infrastruktur), **CNH** (Lkw mit E-Motor und Wasserstoff-Antrieb), **Cummins** (Wasserstoff-Antriebe und Wasserstoffanlagen), **Equinor** (Spezialist für blauen Wasserstoff), **Hyundai** (Pkw und Lkw u.a. mit Wasserstoff-Antrieb), **Panasonic** (Batterie-Hersteller und Brennstoffzellen für Heizanlagen etc.), **RWE** (Produktion und Transport von grünem Wasserstoff), **MBB** (Leitungen und Pipelines für grüne Energie) und **ElringKlinger** (Brennstoffzellen auf Wasserstoffbasis für Fahrzeuge und Flugzeuge).

Wasserstoff in der Automobilindustrie noch mit geringer Priorität

Wasserstoff hat in der Automobilindustrie derzeit noch die geringste Priorität, weil der politische Rückenwind für batteriebetriebene E-Autos stärker ist. Von den 40 Mrd. Euro, die deutsche Autohersteller in den kommenden drei Jahren in alternative Antriebstechnologien investieren wollen, fließt – Planungsstand heute – nur ein kleiner Teil in Brennstoffzellen.

Das ist umso erstaunlicher, da bisher kein batteriebetriebenes E-Auto ohne lästigen (weil längeren) Zwischenstopp durch Deutschland fahren kann. Bei kühlen oder auch frostigen Temperaturen sind die Reichweiten der Batterie-Autos sogar noch kürzer als ohnehin schon.

Batteriebetriebenes E-Auto als Nischenprodukt

Daher sind wir überzeugt, dass das E-Auto den Pkw mit Verbrennungsmotor nicht zu 100% ersetzen kann. In die gleiche Kerbe schlägt auch Prof. Jörg Wellnitz, der an der Technischen Hochschule Ingolstadt (THI) zum Thema E-Mobilität und Wasserstoff forscht. Er selbst fährt zwar ein E-Auto, sieht in der alternativen Antriebsart aber eine Nischentechnologie.

"Das E-Auto ist nicht der Antrieb der Zukunft für den individuellen Massenmarkt",

so Wellnitz. Er begründete dies unter anderem damit, *"dass man in der Gesamtbetrachtung kaum CO_2"* einspare und bereits bei kleineren Stückzahlen mit großem Aufwand Lithium, Kobalt und seltene Erden einsetzen müsse. Außerdem seien *"deutlich größere Strommengen"* nötig.

Teil 1: Wasserstoff bzw. Brennstoffzellen-Technologie

Hyundai setzt vermehrt auf Brennstoffzellensysteme

Ein Problem der Wasserstoff bzw. Brennstoffzellentechnologie: Auch nach 25 Jahren Forschung ist die Technik noch deutlich teurer als Batterieantriebe. Deshalb zögern die deutschen Autobauer noch mit größeren Investitionen in diesen Bereich.

Anders sieht es beispielsweise bei Hyundai aus: Die Koreaner wollen bis 2030 rund 700.000 Brennstoffzellensysteme pro Jahr produzieren.

> *„Wir sind zuversichtlich, dass Wasserstoff den Transportsektor verändern und zu einem weltweiten wirtschaftlichen Erfolg wird",*

sagt Eusiun Chung, Vizepräsident der Hyundai Motor Group.

Hyundai: Der unbekannte Mobilitätsriese

Da Hyundai sehr innovativ, aber in Deutschland noch recht unbekannt ist, wollen wir Ihnen die Strategie des südkoreanischen Autoherstellers hier an dieser Stelle kurz vorstellen:

Das Wasserstoff-Investment. Reich. Reicher. Millionär.

In den vergangenen Jahren war es nicht gerade vergnügungssteuerpflichtig, ein Fahrzeugbauer zu sein. Die Branche steckt mitten im Technologiewandel. Und dann kam 2020 auch noch die Corona-Krise hinzu. Die Fabriken standen still. Die Corona-Krise überdeckt aber, dass Hyundai Ende 2019 einen ehrgeizigen Plan veröffentlicht hat: „Strategy 2025". Geht die Planung auch nur ansatzweise auf, können die Südkoreaner, zusammen mit der Tochtergesellschaft KIA Motors schon jetzt der fünftgrößte Autobauer der Welt, der Überraschungssieger in der Branche werden.

Strategy 2025: Ein Mix aus Elektro- und Wasserstoff-Fahrzeugen

Die Strategie der Koreaner ist radikal. Einige Eckpunkte:

1) 2-Säulen-Strategie (grob eingeteilt in Fahrzeugbau und Service)

2) Konkrete Produktionsziele. Ab 2025 Jahresabsatz von 670.000 Elektrofahrzeugen. Davon 560.000 mit Batterie-Antrieb und 110.000 mit Brennstoffzellen-Technologie

3) Wandel zum Rundum-Anbieter für Mobilitätslösungen

Teil 1: Wasserstoff bzw. Brennstoffzellen-Technologie

Schauen wir uns einige Punkte etwas genauer an. Was bedeutet „Rundum-Anbieter"? Bis 2025 will Hyundai nicht nur eine moderne Pkw- und Lkw-Flotte anbieten, sondern auch Flug-Taxis. Dabei wagen die Südkoreaner in diesem Segment keinen Alleingang, sondern verbünden sich mit dem amerikanischen Fahrdienstanbieter Uber. Anfang 2020 haben Hyundai und Uber die Kooperation auf der Technologiemesse CES verkündet. Der kommerzielle Start von „Uber Elevate" wird für 2023 angepeilt. Auf der CES wurde auch bereits das Fluggerät S-A1 vorgestellt, das vier Fluggäste und einen Piloten aufnehmen kann.

Im Bereich der modernen Antriebe sieht Hyundai die größten Chancen bei den Nutzfahrzeugen. Daher der Plan: Bis 2025 will das Unternehmen 17 neue elektrische Nutzfahrzeuge präsentieren. Sieben mit Batterie-Antrieb und zehn mit Brennstoffzellen-Antrieb. Dafür wurde u.a. in der Schweiz die Tochtergesellschaft Hyundai Hydrogen Mobility (HHM) gegründet. Das Unternehmen soll Fahrzeugbau und Infrastrukturaufbau koordinieren. Die Faustformel lautet: Je zehn Brennstoffzellen-Trucks baut HHM eine Wasserstoff-Tankstelle. Bis 2025 will Hyundai in der Schweiz 1.600 Brennstoffzellen-Trucks auf die Straße bringen, im laufenden Jahr schon die ersten 50.

Das Wasserstoff-Investment. Reich. Reicher. Millionär.

Stellt sich abschließend die Frage: Wie soll das alles bezahlt werden? Hier gibt es drei Antworten:

1) Hyundai verdient gutes Geld mit den „alten" Fahrzeugen mit Verbrennungsmotor (speziell SUVs).

2) Südkorea verteilt für die „Auto-Wende" sehr viel Geld und wird den heimischen Marktführer stützen.

3) Um im Bereich Wasserstoff-Antrieb auf große Stückzahlen zu kommen, will Hyundai sein Brennstoffzellen-Antrieb auch an Konkurrenten verkaufen, um durch Massenherstellung die Kosten radikal zu senken. Ein Plan, der aufgehen kann.

Anbringen der Düse zum Betanken eines wasserstoffbetriebenen Fahrzeugs.

Teil 1: Wasserstoff bzw. Brennstoffzellen-Technologie

Wie es mit Wasserstoff weitergeht

Stellt sich noch die Frage, wie es mit der Wasserstofftechnologie weitergehen wird.

„Viele der entsprechenden Technologien existieren schon, sind aber noch nicht so weit entwickelt, um sie heute wirtschaftlich einsetzen zu können",

sagt Prof. Peter Wasserscheid, der das Helmholtz-Institut für Erneuerbare Energien in Erlangen-Nürnberg leitet.

Immerhin: Es wurde kürzlich eine kraftstoffähnliche Flüssigkeit entwickelt, um Wasserstoff mit der konventionellen Kraftstoff-Logistik speichern, lagern und transportieren zu können. Die sperrigen und teuren Hochdrucktanks sollen also bald ausgedient haben. Der neue Wasserstoffspeicher wird zunächst in Nahverkehrzügen eingesetzt. Autos sollen später folgen.

Wasserstoff-Roadmap

Gleich mehrere Fraunhofer-Institute haben Ende 2019 „Eine Wasserstoff-Roadmap für Deutschland" entwickelt. Darin zeigen sie auf, wie sich die Wasserstoff-Wirtschaft in Deutschland entwickeln muss, damit die

Das Wasserstoff-Investment. Reich. Reicher. Millionär.

ambitionierten CO_2-Reduzierungsziele Deutschlands – u.a. eine Verringerung der Treibhausgasemissionen um 55% bis 2030 und um 80 bis 95% bis 2050 gegenüber dem Niveau von 1990 – auch erreicht werden können.

Die Studie zeigt, dass die Produktionsmengen von Wasserstoff in den kommenden Jahren deutlich ausgebaut werden müssen. Hierfür ist eine deutliche Erweiterung der Elektrolyse-Kapazitäten in Deutschland notwendig. Da die bisher überwiegend angewandten Verfahren zur Wasserstoffgewinnung – die Dampfreformierung und die autotherme Reformierung – nicht klimaneutral sind, müssen in diesen Verfahren höhere CO_2-Abscheideraten erreicht werden. Auch alternative Verfahren zur Wasserstoff-Gewinnung, wie die Methanpyrolyse oder Methanzersetzung, müssen weiterentwickelt werden.

In branchenbezogenen Roadmaps zeigt die Fraunhofer-Studie auf, wie die entscheidenden Maßnahmen und Entwicklungsschritte für eine erfolgreiche Einführung und Implementierung der Wasserstofftechnologie in den jeweiligen Wirtschaftssektoren in den nächsten 30 Jahren aussehen könnten. Im Einzelnen werden dabei Roadmaps für die Sektoren/Wirtschaftsbereiche Industrie (Stahl, Chemische Industrie und Raffinerie), Verkehr und Mobilität, Gebäudewirtschaft sowie Stromgewinnung aufgezeigt.

Teil 1: Wasserstoff bzw. Brennstoffzellen-Technologie

2020: Wasserstoff schafft den politischen Durchbruch

Über viele Jahre wurde Wasserstoff und die Brennstoffzellentechnologie von der Politik fast schon sträflich vernachlässigt. 2020 wurde schließlich das Jahr der Wende. Fast im Wochentakt verkündeten weltweit Länder und Regionen ihre neue Wasserstoff-Strategie – fast immer verbunden mit riesigen Anschubfinanzierungen.

EU:

Die Europäische Union (EU) plant eine gigantische Wasserstoff-Offensive. In einer Studie rechnet die EU vor, dass in dieser Branche langfristig 5,4 Mio. Arbeitsplätze und ein Jahresumsatz von 800 Mrd. Euro entstehen können. Der Wasserstoff-Anteil am Energie-Mix soll von aktuell 1% auf knapp 25% steigen.

Deutschland:

In Deutschland arbeitet die Bundesregierung mit Hochdruck an einer „Nationalen Wasserstoffstrategie" und hat bereits erste Eckpunkte verkündet. Die Wasserstoff-Technologie soll mit rund 9 Mrd. Euro gefördert werden.

Auf einer großen digitalen Wasserstoff-Konferenz mit 3.500 Teilnehmern verkündete das Bundesministerium

Das Wasserstoff-Investment. Reich. Reicher. Millionär.

für Verkehr und digitale Infrastruktur Ende Januar 2021 den aktuellen Zwischenstand: Aktuell umfasst der Aktionsplan der „Nationalen Wasserstoffstrategie" bereits 38 Maßnahmen:

- Wasserstoffproduktion (4 Projekte)
- Anwendungsbereiche:
  - Verkehr (9 Projekte)
  - Industrie (4 Projekte)
  - Wärme (2 Projekte)
- Infrastruktur und Versorgung (3 Projekte)
- Forschung, Bildung und Innovation (7 Projekte)
- Europäischer Handlungsbedarf (4 Projekte)
- Internationaler Wasserstoffmarkt (5 Projekte)

Basis für die flächendeckende Wasserstoffnutzung ist eine ausreichend große Netzabdeckung. Auch hier wurden Anfang 2021 erste Eckpunkte genannt:

Der Startschuss für das deutsche Wasserstoffnetz ist bereits gefallen. Bis zum 1. April 2022 soll ein Gesamtplan erstellt werden. Die Grundüberlegung: Um Zeit zu sparen, sollen bereits bestehende Gasleitungen, die nicht mehr gebraucht werden, für den Transport von Wasserstoff genutzt werden. Erste Schätzungen besagen, dass mit dem bereits bestehenden Leitungssystem bereits rund 90% des Bedarfs abgedeckt werden können. Nur ein kleiner Teil des etwa 1.200 Kilometer langen Gesamtnetzes – oft Verbindungs-Leitungen –

Teil 1: Wasserstoff bzw. Brennstoffzellen-Technologie

muss neu gebaut werden. Bis Ende 2035 soll der Aufbau des Wasserstoffnetzes in Deutschland abgeschlossen sein. Aber schon 2030 soll die Grundversorgung stehen. Erste Schätzungen gehen von 14 Terrawattstunden Energie (oder Strom) aus Wasserstoff pro Jahr aus.

Wasserstoff wird in Deutschland in den kommenden Jahren ein wichtiger Wirtschaftsfaktor – nicht nur im Rahmen der Energieversorgung. Die Wasserstoff-Technologie ist zwar an sich schon sehr alt, aber der flächendeckende Einsatz erfordert modernste Technologien. Gefragt sind Spezialisten für Maschinen- und Anlagenbau. Länder wie Deutschland, Österreich, Schweiz oder Japan, die seit Jahrzehnten erstklassige Anlagen- und Maschinenbauer beheimaten, haben die besten Chancen, die großen Aufträge zu ergattern.

Frankreich:

Die Wasserstoff-Strategie der französischen Regierung sieht bis 2030 Investitionen in Höhe von 7,2 Mrd. Euro und bis zu diesem Zeitpunkt eine Wasserstoff-Erzeugerkapazität von 6,5 GW vor. Außerdem soll ein nationales Wasserstoff-Komitee gegründet werden.

Im jüngst veröffentlichen Strategiepapier setzen das französische Umweltministerium und das Wirtschaftsministerium, die Hand in Hand arbeiten sollen, ihren Schwerpunkt auf die Dekarbonisierung der Wasser-

Das Wasserstoff-Investment. Reich. Reicher. Millionär.

stoff-Produktion (grüner Wasserstoff) und die Ausgestaltung einer Wasserstoff-Industrie.

Es soll vor allem die Entwicklung wasserstoffbetriebener Fahrzeuge wie Lkw, Züge und langfristig auch Flugzeuge vorangetrieben werden. Nach Einschätzung der französischen Umweltministerin Barbara Pompili sei Wasserstoff eine strategische Gelegenheit, die Dekarbonisierung der am schwierigsten zu dekarbonisierenden Sektoren zu intensivieren.

In den nächsten zehn Jahren sollen in Frankreich direkt oder indirekt 50.000 bis 150.000 neue Arbeitsplätze in diesem Bereich entstehen.

Asien/Japan:

In Asien ist Japan die treibende Kraft im Wasserstoff-Sektor. Die von 2020 auf 2021 verschobenen Olympischen Sommerspiele sollen auch eine Wasserstoff-Technologie-Show werden.

In Japan haben ausgewählte Unternehmen und verschiedene Interessenvertreter eine Allianz zum Umbau der Gesellschaft in eine „Wasserstoffgesellschaft" gegründet. Nun ist auch Toyota der Japan Hydrogen Association (JH2A) beigetreten, einer neuen Organisation, die die globale Zusammenarbeit und die Bildung einer Wasserstoff-Lieferkette vor Ort fördert. Das Ziel:

Teil 1: Wasserstoff bzw. Brennstoffzellen-Technologie

Man schließt sich zusammen, um die „Nachfrage nach Wasserstoff zu steigern, die Versorgung mit kostengünstigem Wasserstoff zu verbessern und die Nutzung von Wasserstoff zu fördern. Konkret will Neu-Mitglied Toyota schon ab Frühjahr 2021 damit beginnen, Brennstoffzellen-Module an andere Unternehmen in Japan zu verkaufen. Diese Unternehmen können dann damit Busse, Lkw, Züge oder auch Schiffe ausrüsten. Die Brennstoffzellen-Module von Toyota können auch in stationäre Generatoren eingebaut werden. Durch diese Vertriebs-Offensive von Toyota kann der Siegeszug der Wasserstoff-Technologie in Japan deutlich beschleunigt werden.

Die Politik investiert viele Milliarden in die Energiequelle Wasserstoff, aber auch die Unternehmen haben das Potenzial erkannt – nicht nur in Japan.

Bereits 2017 wurde der Hydrogen Council gegründet. Damals wollten einige wenige Unternehmen die Wasserstoff-Idee global vorantreiben. Im Jahr 2020 hatte der Council schon über 80 Mitglieds-Unternehmen. Das ist eine globale Wirtschaftsmacht. Zusammen vereinen die Mitglieder einen Jahresumsatz von fast 19 Billionen Euro und rund 6 Millionen Mitarbeiter.

Die Initiative „Get H2" hat im März 2020 beschlossen, eine deutschlandweite Wasserstoffinfrastruktur aufzubauen. Erstes Projekt ist ein Wasserstoffnetz für Industrieunternehmen in Niedersachsen und NRW.

Das Wasserstoff-Investment. Reich. Reicher. Millionär.

Wasserstoff-Projekt RH2INE

Über ein Dutzend Unternehmen wollen im Zuge eines internationalen Projekts mit dem Namen RH2INE den Rhein-Alpen-Korridor zu einem rein auf Grundlage von Wasserstoff funktionierenden Transportweg machen.

Zur Erläuterung: RH2INE steht für Rhine Hydrogen Integration Network of Excellence und geht auf eine Initiative der Provinz Zuid-Holland, des niederländischen Ministeriums für Infrastruktur und Wasserbau sowie des deutschen Bundeslands Nordrhein-Westfalen zurück. Es soll der erste Schritt in Richtung eines klimaneutralen Transportkorridors zwischen dem niederländischen Rotterdam und dem italienischen Genua werden.

Zunächst wollen sich die Partner um den Wasserweg kümmern. Dazu ist der Aufbau von Wasserstoff-Produktionsstätten entlang des Rheins zwischen Rotterdam und Köln geplant. Bis 2024 könnten dann die ersten 10 bis 15 mit Wasserstoff betriebenen Binnentankschiffe auf die Reise gehen.

Bis dahin soll die Verfügbarkeit von 1.950 Tonnen Wasserstoff angepeilt werden. Bis zum Jahr 2030 soll die wasserstoffbetriebene Flotte dann bereits auf 50 bis 100 Schiffe angewachsen sein. Ganz frisch wurde jetzt gemeldet, dass das Joint Venture RH2INE von der EU-

> Teil 1: Wasserstoff bzw. Brennstoffzellen-Technologie

Kommission einen Zuschuss für weitere Forschungsvorhaben erhalten hat.

Wasserstoff-Profiteure

Kommen wir nun zu einigen Unternehmen aus ganz unterschiedlichen Branchen, die von der Verbreitung der Wasserstoff-Technologie profitieren:

Equinor: Vom Saulus zum Paulus der Energiebranche

Groß und reich ist der börsennotierte, halbstaatliche Konzern aus Norwegen mit seinem klassischen Öl- und Gasgeschäft geworden. Unter dem alten Namen Statoil hat das Unternehmen über Jahrzehnte den Großaktionär Norwegen, aber auch die freien Aktionäre mit Milliardengewinnen und üppigen Dividenden glücklich gemacht.

Die Strategen von Equinor haben aber sehr früh erkannt, dass die Förderung von Öl und Gas kein Geschäftsmodell für die Ewigkeit ist. Während die Politik in Deutschland noch geschlafen hat, wurden in Norwegen pragmatische Lösungen beschlossen.

Das Wasserstoff-Investment. Reich. Reicher. Millionär.

Lösungsansatz 1:

Eigenen Öko-Strom für die Herstellung von grünem Wasserstoff herstellen

Mit den Milliardengewinnen aus dem traditionellen Öl- und Gasgeschäft baut Equinor ein neues Öko-Strom-Imperium auf und investiert massiv in Windparks und Solaranlagen.

Equinor betreibt drei große Windparks in Großbritannien und ist an weiteren Projekten vor der Küste Großbritanniens, Deutschlands und den USA beteiligt. Bereits die europäischen Windkraftanlagen im Equinor-Portfolio haben im Vorjahr gereicht, um umgerechnet mehr als eine Million Haushalte mit Strom zu versorgen. Die prall gefüllte Projekt-Pipeline sorgt dafür, dass Equinor zukünftig noch deutlich mehr grünen Strom aus der Windkraft gewinnen wird.

Equinors Kernkompetenz ist die Windenergie, aber auch Solarenergie bereichert das Portfolio. Zwei größere Solar-Projekte haben die Norweger in Brasilien und Argentinien verwirklicht.

Die Investitionsgelder fließen aber nicht nur in die direkte Erzeugung von Solarstrom. So ist Equinor bereits 2016 in das Unternehmen Oxford Photovoltaics

Teil 1: Wasserstoff bzw. Brennstoffzellen-Technologie

eingestiegen, welches das Ziel hat, den Wirkungsgrad der Solarzellen um 20 bis 30% zu steigern. Es wird also auch in die grüne Technologie investiert.

Lösungsansatz 2:

Blauer Wasserstoff als Zwischenlösung und schnell verfügbare Alternative

Da der grüne Wasserstoff aus den genannten Gründen noch nicht ausreichend zur Verfügung steht, Wasserstoff aber phantastische Vorteile bietet, hat Equinor zusätzlich das Standbein „blauer Wasserstoff" aufgebaut.

Während die aus ökologischer Sicht beste Lösung, der grüne Wasserstoff, aus Ökostrom gewonnen wird, entsteht der blaue Wasserstoff aus Erdgas. Bei diesem Prozess fällt jedoch CO_2 an. Die pragmatische Lösung des Problems: Das so entstandene CO_2 wird nicht in die Luft geblasen, sondern gespeichert.

Mit vielen Partnern aus der europäischen Industrie (zum Beispiel Air Liquide, die wir Ihnen in dieser Studie später vorstellen werden) hat Equinor das Pilotprojekt „H2morrow" gestartet, das bei erfolgreicher Umsetzung die Industrie und andere Großkunden in Nordrhein-Westfalen bis zum Jahr 2030 mit jährlich

Das Wasserstoff-Investment. Reich. Reicher. Millionär.

8,6 TWh Energie aus Wasserstoff versorgen soll. Und so sieht der Plan aus:

1) Das Erdgas wird von Equinor aus Norwegen geliefert.

2) Das Erdgas wird in Wasserstoff umgewandelt. Das anfallende CO_2 wird aufgefangen, gereinigt und verflüssigt.

3) Das CO_2 wird per Schiff nach Norwegen gebracht.

4) In Norwegen wird das CO_2 mehr als 2.000 Meter unter dem Meeresboden in alten Öl- und Gasfeldern gespeichert.

5) Der Wasserstoff wird in das Gasnetz eingespeist und zu den Kunden transportiert.

Fazit: Die Kombination aus grünem und blauem Wasserstoff sorgt dafür, dass die technisch überlegene Brennstoffzellen-Technologie zeitnah im großen Stil eingesetzt werden kann. Equinor finanziert diese erfolgreiche Energiewende in der Startphase mit den Milliardengewinnen aus dem klassischen Öl- und Gasgeschäft. Das sichert dem Unternehmen ein großes Stück vom Wasserstoff-Kuchen. Der norwegische Staat und auch die freien Equinor-Aktionäre können sich daher auch langfristig auf hohe Gewinne und üppige Dividenden freuen.

Teil 1: Wasserstoff bzw. Brennstoffzellen-Technologie

2G Energy: Wasserstoff als spannende Zusatzchance

Auch der münsterländische Hersteller von Kraft-Wärme-Kopplungsanlagen – die 2G Energy AG – setzt zunehmend auf die Wasserstofftechnologie. Neben Biogas- und Erdgas-betriebenen Block-Heizkraft-Werken (BHKW) bietet das Unternehmen neuerdings auch Wasserstoff-BHKW an. Dabei hat 2G auf ein erprobtes Erdgas-BHKW zurückgegriffen und dieses so weiterentwickelt, dass es reinen Wasserstoff mit vergleichbarer Wirtschaftlichkeit und Zuverlässigkeit zur dezentralen Erzeugung von Strom und Wärme nutzen kann.

Spannender Wasserstoff-Auftrag

2G hat 2019 von der Siemens AG einen Auftrag für ein mit Wasserstoff betriebenes BHKW erhalten. Der 2G agenitor 412 ist Teil eines Projekts auf der arabischen Halbinsel zur Erzeugung von Wasserstoff mittels einer solarbetriebenen Elektrolyse-Anlage, die von Siemens hergestellt wird.

Der grüne Wasserstoff wird dann mithilfe des 2G BHKW zur emissionsfreien Rückverstromung genutzt. Der Solarstrom wird in einem der zukünftig weltweit größten Solarparks erzeugt, der bis Mitte 2020 auf 800 Megawatt Leistung ausgebaut wurde.

Das Wasserstoff-Investment. Reich. Reicher. Millionär.

Es handelt sich um ein Pilotprojekt zum Test, wie das erzeugte Gas gespeichert und wieder verstromt werden kann oder für Transportzwecke bzw. andere industrielle Anwendungen einsetzbar ist.

Auch im Wasserstoff-BHKW-Projekt für die Stadtwerke Haßfurt wurde der Elektrolyseur von Siemens geliefert. Die Zusammenarbeit in Dubai stellt nun einen weiteren Vertrauensbeweis in die Wasserstofftechnologie von 2G dar und bestätigt 2G in seiner Rolle, auch in Zukunft eine führende Position in der Forschung und Entwicklung im Bereich der Kraft-Wärme-Kopplung einzunehmen.

Jeder Erdgas-Motor von 2G ist potenziell auch ein Wasserstoff-Motor

„Jeder von uns entwickelte Erdgas-Motor ist potenziell auch ein Wasserstoff-Motor, denn diese Motoren werden – falls gewünscht – durch eine spätere Umrüstung „H2-ready" und leisten somit einen fundamentalen Beitrag zur Dekarbonisierung.",

so 2G-Chef Christian Grotholt.

Teil 1: Wasserstoff bzw. Brennstoffzellen-Technologie

"Wir verzeichnen ein reges und breites Interesse an unserer Wasserstoff-Kompetenz und sind daher optimistisch, unsere technologische Führerschaft weiter ausbauen zu können"

CNH Industrial: Elektro- und Wasserstoff-Lkw aus Deutschland

Hinter dem Namen CNH Industrial verbirgt sich die Nutzfahrzeugsparte des FIAT-Konzerns, die nach einer Fusion als eigenständiges Unternehmen an die Börse gebracht wurde. Zu den bekannten Marken gehören u.a.: Iveco, Magirus, New Holland, Case und Steyr. Um auch die neuesten Technologien abzudecken, kauft CNH regelmäßig innovative Unternehmen oder geht eine Beteiligung ein.

Höhepunkt war 2019 der Einstieg in das innovative – aber auch nicht unumstrittene – US-Start-up Nikola. Nikola und CNH werden gemeinsam einen Lkw am Iveco-Standort Ulm bauen. Der Fahrplan war ehrgeizig: 2021 Verkaufsstart der Batterie-Variante und 2022 Verkauf mit Brennstoffzelle. Corona-bedingt wird sich dieser Fahrplan um 1 bis 2 Jahre nach hinten verschieben.

Das Wasserstoff-Investment. Reich. Reicher. Millionär.

Cummins: Traditionsreicher Motorenhersteller setzt auch auf Wasserstoff

Der traditionsreiche amerikanische Motorenhersteller Cummins feierte 2019 den 100. Geburtstag. Überlebt hat das Unternehmen, weil es sich stets auf die technischen Neu-Entwicklungen eingestellt hat. Cummins gibt sehr viel Geld für Forschung und Entwicklung aus, kauft aber auch regelmäßig Technologien ein.

Als Meisterstück gilt der Kauf von Hydrogenics im Jahr 2019. Das kanadische Unternehmen Hydrogenics gilt als Pionier der Wasserstoff-Technologie und bietet viele Produkte rund um die Brennstoffzelle an (Antriebe, Wasserstoff-Tankstellen). Seit 2017 hat Cummins Motoren für Elektro-Antriebe im Portfolio, jetzt kommt die Wasserstofflösung hinzu. Um die Bedeutung der Technologie zu unterstreichen, ist Cummins 2018 dem Hydrogen Council beigetreten. Das ist ein internationaler Zusammenschluss von Unternehmen, die der Wasserstoff-Technologie zum Durchbruch verhelfen wollen.

Teil 1: Wasserstoff bzw. Brennstoffzellen-Technologie

Wasserstoff-Aktivitäten in Deutschland werden ausgeweitet

Das US-Unternehmen sieht im Bereich der Elektrolyseur-Technologie ein jährliches Umsatzpotenzial von 400 Mio. US-Dollar. Zur Erläuterung: Mit Hilfe von Elektrolyse wird aus elektrischem Strom Wasserstoff gewonnen. Besonders spannend ist zudem, dass Cummins seine Wasserstoff-Aktivitäten auch in Deutschland immer weiter ausweitet.

2021 neue Wasserstoff-Anlage in Herten

Cummins gab jüngst bekannt, dass man eine neue Anlage in Herten eröffnen will, die sich im ersten Schritt auf die Montage von Brennstoffzellensystemen für Alstom, den globalen Marktführer für Wasserstoffbetriebene Züge, konzentrieren wird.

Mit einer Leistung von 10 Megawatt pro Jahr wird das Werk in Herten ein Megawatt Brennstoffzellensysteme pro Monat für die wasserstoffbetriebenen Züge von Alstom namens Coradia iLint herstellen und auch Servicedienstleistungen anbieten.

Die neue Anlage wird auch Platz für Herstellung, Forschung und Entwicklung bieten. Cummins denkt auch schon einen Schritt weiter: In Zukunft ist eine Erweite-

Das Wasserstoff-Investment. Reich. Reicher. Millionär.

rung geplant, um das Recycling von Brennstoffzellenstapeln zu unterstützen.

> „Die Entscheidung, diesen neuen Standort für Brennstoffzellensysteme in Deutschland zu eröffnen, ist ein Beweis für das Engagement von Cummins, unsere Wasserstoffkapazitäten zu beschleunigen. Diese Einrichtung wird uns besser in die Lage versetzen, Kunden in Europa kritisch zu unterstützen und unsere Position als Marktführer bei der Gestaltung der Wasserstoffwirtschaft von morgen strategisch zu stärken ",

sagte Amy Davis, Präsidentin von New Power bei Cummins.

Vier Teststationen werden die bestehenden Forschungs- und Entwicklungskapazitäten für die weltweite Brennstoffzellen- und Wasserstoffproduktion ergänzen. Die Anlage befindet sich auf dem Gelände einer alten Mine und ist Teil eines hochmodernen Wasserstoffparks. Die neue Cummins-Anlage soll bereits im Juli 2021 eröffnet werden und in Herten neue Arbeitsplätze im Bereich der sauberen Technologie schaffen.

Teil 1: Wasserstoff bzw. Brennstoffzellen-Technologie

Air Products liefert Wasserstoff und die passende Infrastruktur

Der amerikanische Industriegashersteller Air Products wurde vor über 75 Jahren gegründet und hat seit gut 60 Jahren Erfahrung mit Wasserstoff. Das US-Unternehmen hat also das Potenzial frühzeitig erkannt und ist einer der weltweit größten Wasserstoff-Hersteller sowie Marktführer bei der Wasserstoff-Betankung.

Air Products hat weltweit bereits 250 Betankungsprojekte realisiert. In Deutschland beliefert Air Products sogar das gesamte Wasserstoff-Tankstellennetzwerk von H2 Mobility. Der erforderliche Wasserstoff wird nachhaltig produziert. Der „grüne" Strom wird von einem Windpark in den Niederlanden geliefert. Auch die wasserstoffbetriebenen Züge in Deutschland fahren mit Wasserstoff von Air Products. Der Industriegasspezialist hat aber nicht nur Wasserstoff im Angebot, sondern verfügt über ein breites Sortiment.

Das Wasserstoff-Investment. Reich. Reicher. Millionär.

Wasserstoff-Aktie Air Liquide

Auch der französische Konzern Air Liquide liefert nicht nur Wasserstoff, sondern auch die passende Infrastruktur. Zusammen mit Linde, Daimler, OMV, Shell und Total hat Air Liquide die H2 Mobility GmbH gegründet, um der Wasserstoff-Technologie in Deutschland schneller zum Durchbruch zu verhelfen.

Die These: Ohne Infrastruktur (Betankungsanlagen) kann sich die Brennstoffzelle (Wasserstoff) nicht flächendeckend durchsetzen. Das Ziel: 400 Wasserstoff-Tankstellen allein in Deutschland. In vielen weiteren Ländern (aktuell z.B. Frankreich, Dänemark und USA) baut Air Liquide zurzeit riesige Wasserstoffanlagen, um die industrielle Nutzung voranzutreiben.

Evonik: An spannendem Wasserstoff-Projekt beteiligt

In der deutschen Stadt Hanau läuft derzeit ein Wasserstoff-Pilotprojekt. Die beteiligten Unternehmen und Institutionen setzen mit dem Einsatz der umweltschonenden Brennstoffzellentechnologie ein Zeichen für saubere Mobilitätskonzepte. Darüber hinaus soll die Wasserstofftechnologie durch das Projekt sichtbar und „erfahrbar" gemacht werden.

> **Teil 1: Wasserstoff bzw. Brennstoffzellen-Technologie**

Kerstin Oberhaus, Evonik-Standortleiterin im Industriepark Wolfgang, kommentiert wie folgt:

„Wenn wir auf der Suche nach Technologien der Zukunft sind, dürfen wir die Brennstoffzelle nicht außer Acht lassen, da sie emissionsfreie Fortbewegung ermöglicht. Mit unserem Kooperationsprojekt wollen wir ganz praktisch Lösungswege für alternative Antriebstechnologien aufzeigen."

ElringKlinger setzt auf Brennstoffzellen und E-Mobilität

Der deutsche Autozulieferer ElringKlinger hat in den vergangenen Jahren und Jahrzehnten gute Geschäfte mit Zylinderkopfdichtungen gemacht. Diese Dichtungen werden überflüssig, wenn es keine Verbrennungsmotoren mehr gibt. Bis dahin wird es noch eine ganze Weile dauern. Dennoch litt ElringKlinger zuletzt unter der schwächelnden Nachfrage aus der Automobilindustrie. Dementsprechend litt auch der Kurs der Elring-Klinger-Aktie.

Doch die Aktie bietet Anlegern, die mit den branchenspezifisch starken Kursschwankungen gut leben

Das Wasserstoff-Investment. Reich. Reicher. Millionär.

können, erhebliches Potenzial. Denn das Familienunternehmen ElringKlinger setzt bereits seit einigen Jahren auf die wichtigen Zukunftstrends im Bereich der Mobilität. Elring ist schon seit rund 20 Jahren in der Forschung und Entwicklung von Brennstoffzellen tätig und tritt im Markt sowohl als System- als auch als Komponentenlieferant auf.

Einsatzbereiche sind Busse und Pkw, aber auch industrielle Anwendungen im mobilen Bereich wie kleine Nutzfahrzeuge und Flurförderzeuge. ElringKlinger meldete vor einiger Zeit eine spannende Kooperation. Das Unternehmen rüstet unter anderem drei Fahrzeuge der niederländischen Firma VDL Groep mit Brennstoffzellensystemen aus, die dann vom belgischen Einzelhandelskonzern Colruyt im realen Betrieb getestet werden sollen. Später soll das ElringKlinger-Brennstoffzellenmodul auch in Stadt- und Langstreckenbussen Anwendung finden.

Ein erstes großes Ausrufezeichen konnte ElringKlinger im Oktober 2020 setzen: Der Flugzeug-Riese Airbus hatte einen industriellen Partner mit Wasserstoff-Expertise gesucht. Die in den Medien hoch gehandelten Kandidaten wie PowerCell und Plug Power gingen jedoch leer aus. Den Zuschlag erhielt der über 100 Jahre alte Autozulieferer aus dem Schwabenland: ElringKlinger (gegründet 1879). An der Börse wurde das mit einem Kursaufschlag von fast 30% gefeiert.

> Teil 1: Wasserstoff bzw. Brennstoffzellen-Technologie

Als Spezialist für Dichtungen hat das Traditionsunternehmen einen eher langweiligen Ruf. Aufgrund der doppelten Automobil-Krise (Abgasskandal VW + Umstellung auf neue Antriebsformen) war die Elring-Aktie in den vergangenen Jahren an der Börse jedoch abgestürzt (wie fast alle deutschen Autozulieferer).

Betriebsbesichtigung ElringKlinger im Juni 2016. Tobias Schöneich (erster von rechts) und Rolf Morrien (dritter von rechts).

Das Wasserstoff-Investment. Reich. Reicher. Millionär.

Die Buchautoren konnten sich aber bereits im Jahr 2016 davon überzeugen, dass ElringKlinger ganz massiv in Zukunftstechnologien investiert. Das Thema Wasserstoff und Brennstoffzellen steht bei ElringKlinger seit fast 20 Jahren (!) auf dem Programm. Produkte für den Batterie-Antrieb hat das Unternehmen seit 2011 im Angebot und beliefert in den USA zum Beispiel den E-Auto-Hersteller Tesla.

ElringKlinger: Zuschlag von Airbus sorgt für Neubewertung

Schauen wir uns den Wasserstoff-Deal mit Airbus etwas genauer an: Airbus hat weltweit einen industriellen Partner gesucht, der sein Wasserstoff-Wissen in ein neues Gemeinschaftsunternehmen einbringt. Das neu zu gründende Unternehmen soll Brennstoffzellen-Systeme für Flugzeuge entwickeln. Den Zuschlag hat ElringKlinger erhalten, da der Autozulieferer direkt startklar war und schon in der Testphase im Sommer Brennstoffzellensysteme und einen passenden Teststand liefern konnte.

Warum kann der Airbus-Zuschlag eine Neubewertung der ElringKlinger-Aktie auslösen? Das Traditionsunternehmen profitiert gleich mehrfach:

1) Airbus wird die Mehrheit am neuen Wasserstoff-Unternehmen halten, ElringKlinger wird aber

Teil 1: Wasserstoff bzw. Brennstoffzellen-Technologie

als Juniorpartner mit im Boot sitzen. Da Airbus die Produkte in den eigenen Flugzeugen einsetzen will, sind die Erfolgsaussichten sehr groß.

2) Als Gegenleistung für den Technologiezugang zahlt Airbus einen niedrigen bis mittleren zweistelligen Millionen-Betrag an ElringKlinger. Im Corona-Jahr sind Zusatzgewinne für den Autozulieferer Gold wert.

3) Das neue Gemeinschaftsunternehmen wird zukünftig Brennstoffzellen-Komponenten von ElringKlinger kaufen (sorgt für einen Umsatz- und Gewinnanstieg).

4) Der Zuschlag von Airbus ist Werbung und ein Ritterschlag. Auch andere Großkunden werden sich jetzt die Produkte von ElringKlinger genauer anschauen.

Fakt ist aber auch: Wenn die ElringKlinger-Aktie wieder die alten Hochs erreichen will, muss vorher das Kerngeschäft anspringen.

Das Wasserstoff-Investment. Reich. Reicher. Millionär.

Umicore eröffnet neues Werk für Brennstoffzellenkatalysatoren

Das belgische Unternehmen Umicore hat vor wenigen Monaten eine neue Produktionsstätte für Brennstoffzellenkatalysatoren in SongDo Incheon City (in der Region um Seoul), Südkorea, eingeweiht. Das Werk wird das Wachstum der Hyundai Motor Group und anderer Automobilkunden unterstützen und befindet sich in der Nähe des Technologieentwicklungszentrums für Umicore-Katalysatoren.

Mit dieser Produktionserweiterung in Korea und den bestehenden Produktionskapazitäten in Hanau, Deutschland, ist Umicore gut aufgestellt, um die steigende Nachfrage nach Brennstoffzellenkatalysatoren von Automobilkunden weltweit zu bedienen. Spannend für Umicore: Der Markt für Brennstoffzellenkatalysatoren gewann zuletzt deutlich an Dynamik.

Ebenfalls spannend: Der südkoreanische Batterie-Spezialist Samsung SDI hat eine mehrjährige Partnerschaft mit Umicore vereinbart. Der Materialtechnologiekonzern liefert 80.000 Tonnen NMC-Kathodenmaterial an Samsung SDI für dessen Lithium-Ionen-Batterien.

Teil 1: Wasserstoff bzw. Brennstoffzellen-Technologie

Umicore profitiert also gleich an mehreren Stellen von der Mobilitätswende. Das Unternehmen stellt Autoabgaskatalysatoren und Materialien für wiederaufladbare Batterien sowie auch für Brennstoffzellen her.

Voestalpine: Wasserstoff-Profiteur aus Österreich

Die Voestalpine AG ist ein weltweit agierender österreichischer stahlbasierter Technologie- und Industriegüterkonzern mit Sitz in Linz (Oberösterreich). Sie ging 1995 aus dem 1946 gegründeten Stahlkonzern VÖEST hervor, der Teil der verstaatlichten Industrie Österreichs war. Voestalpine verfügt über rund 500 Konzerngesellschaften und -standorte in mehr als 50 Ländern auf allen fünf Kontinenten. Die Voestalpine-Aktie notiert seit 1995 an der Wiener Börse.

Der ehemalige Voestalpine-Chef Wolfgang Eder, der als Vordenker in der europäischen Industrie gilt, erwartet, dass die langfristige Zukunft des Automobils im Wasserstoffantrieb liegt. Denn batteriebetriebene Fahrzeuge brächten nicht das gewünschte Maß an Nachhaltigkeit. Auch wenn im Moment viel Geld in die Infrastruktur für strombetriebene Fahrzeuge gesteckt werde, forsche die Autoindustrie intensiv an Wasserstoff-Lösungen. Und auch Voestalpine ist in diesem Bereich sehr aktiv.

Noch hat Wasserstoff das Problem, dass er in der klassischen Form unter bestimmten Voraussetzungen hoch explosiv ist. Bis 2035 rechnet Eder damit, dass Sicherheitsbedenken im Zusammenhang mit Wasserstoff aus dem Weg geräumt sind. Bis dahin hofft Voestalpine auch, in der großindustriellen Produktion von Wasserstoff tätig zu sein. Das erste große Pilotprojekt zur CO_2-freien Herstellung von Wasserstoff hat Voestalpine am Standort in Linz Ende 2019 erfolgreich in Betrieb genommen. Werden die Erwartungen erfüllt, soll später eine „wesentlich größere" Anlage folgen.

BMW: Mit E-Auto und Wasserstoff zurück auf die Überholspur

Der deutsche Premium-Autobauer BMW hat große Ziele: Das Unternehmen will innerhalb der nächsten zehn Jahre 7 Mio. (!) Elektroautos verkaufen. Davon etwa zwei Drittel mit vollelektrischem Antrieb. Im Jahr 2019 hatten bereits 146.000 der 2,5 Mio. verkauften BMW-Fahrzeuge einen Elektroantrieb, berichtet die Nachrichtenagentur Reuters.

Daneben setzen die Münchener aber auch auf Wasserstoff und haben angekündigt, im Jahr 2022 die zweite Generation des Brennstoffzellen-Antriebs in einer Kleinserie im Markt zu testen. Doch der Reihe nach. Blicken wir zunächst auf die E-Auto-Strategie von BMW.

Teil 1: Wasserstoff bzw. Brennstoffzellen-Technologie

25 elektrifizierte Modelle bis 2023

BMW hat angekündigt, bis 2023 zunächst 25 elektrifizierte Modelle anbieten zu wollen. Die eine Hälfte vollelektrisch, die andere als Hybrid mit Benzinmotor oder Diesel zusammen mit einem E-Motor. Hintergrund sind EU-Vorgaben. BMW und die anderen Autohersteller müssen ihren CO_2-Ausstoß bis 2030 (verglichen mit 2021) um 37,5% verringern.

Dabei gelten Durchschnittswerte, die die Autobauer für ihre gesamte Flotte einhalten müssen. Heißt: Pro verkauftem Auto mit Verbrennungsmotor müssen zukünftig immer mehr E-Autos oder Hybride verkauft werden. Sonst können die Grenzwerte nicht eingehalten werden.

Positiv ist, dass sich das BMW-Management auch an den Zielen messen lassen will. Wir werden Jahr für Jahr über unsere Fortschritte berichten und uns an diesen Zielen messen lassen. Das wird auch in die Vergütung von Vorstand und Top-Management einfließen, so BMW-Chef Oliver Zipse.

Neuer Wasserstoff-Antrieb ab 2022

Neben dem E-Antrieb setzt BMW auch auf Wasserstoff: Das Unternehmen will ab 2022 im BMW i Hydrogen Next basierend auf dem aktuellen X5 die zweite Gene-

Das Wasserstoff-Investment. Reich. Reicher. Millionär.

ration des Brennstoffzellen-Antriebs in einer Kleinserie testen.

Das hat BMW im Rahmen eines Besuchs von Bundeswirtschaftsminister Peter Altmeier im Wasserstoff-Kompetenzzentrum des Unternehmens angekündigt. Anders als VW-Chef Herbert Diess hatte sich BMW-Chef Oliver Zipse in der Vergangenheit nicht auf den E-Motor als Antriebstechnologie der Wahl festgelegt.

Vielmehr zeigte sich Zipse immer technologieoffen und betonte auch die Vorzüge des Wasserstoffs. Wichtig seien dabei aber die Rahmenbedingungen.

> *„Je nachdem, wie sich die Rahmenbedingungen entwickeln, hat die Wasserstoff-Brennstoffzellen-Technologie das Potenzial, eine weitere Säule im Antriebsportfolio der BMW Group zu werden",*

so Zipse.

Die Politik ist sowohl in Deutschland als auch EU-weit gewillt, die passenden Rahmenbedingungen zu schaffen. Das zeigen die kürzlich verabschiedete nationale Wasserstoff-Strategie und die Wasserstoff-Strategie der Europäischen Union.

Teil 1: Wasserstoff bzw. Brennstoffzellen-Technologie

RWE: Mit Wasserstoff und grüner Energie zum DAX-Vorzeigeunternehmen

Seit über 120 Jahren versorgt RWE Menschen und Unternehmen mit Strom. Die Energiewende und der – nicht ganz freiwillige – unerwartet schnelle Ausstieg aus der Kernenergie hatten dem Traditionskonzern aber quasi die Geschäftsgrundlage geraubt. Das letzte Atomkraftwerk geht bereits 2022 vom Netz, die Förderung von Braunkohle muss bis 2038 eingestellt werden.

Doch das Essener Unternehmen hat aus der Not eine Tugend gemacht und sich vom Saulus zum Paulus der Branche entwickelt. Der Konzern hat die Weichen gestellt, um sich zu einem reinen Ökostrom-Anbieter zu wandeln. Bis 2040 will RWE zu 100% klimaneutral sein.

Der entscheidende Schritt in die richtige Richtung war der im vergangenen Jahr abgeschlossene Deal mit E.ON: Dabei gab RWE seine Tochter Innogy an E.ON ab, übernahm aber gleichzeitig das Geschäft mit erneuerbaren Energien von E.ON und Innogy. Durch diesen Deal ist der Konzern schon jetzt drittgrößter Produzent von

Das Wasserstoff-Investment. Reich. Reicher. Millionär.

regenerativen Energien. Und RWE will künftig 1,5 bis 2 Mrd. Euro jährlich in den Ausbau dieses Geschäfts investieren. Ziel ist es, die Produktionskapazität in den Bereichen Windkraft und Solar bis Ende 2022 auf über 13 Gigawatt auszuweiten. Ende 2019 waren es gerade einmal 8,7 Gigawatt.

Als einer der führenden Anbieter erneuerbarer Energien profitiert RWE auch vom Wasserstoff-Boom. Aus ökologischer Sicht ist „grüner Wasserstoff" erste Wahl. Denn bei diesem stammt der eingesetzte Strom zu 100% aus erneuerbaren Quellen. Laut Finanzchef Markus Krebber, der 2021 die Konzernführung übernimmt, arbeitet das Unternehmen derzeit an rund 30 Wasserstoff-Projekten mit. Erst kürzlich meldete RWE die Teilnahme an dem Projekt NortH2. Das Konsortium, zu dem auch die Ölkonzerne Equinor und Royal Dutch Shell gehören, will im Norden der Niederlande ein System aus Offshore-Windparks, Elektrolyseuren, Gasspeichern und -leitungen aufbauen. Dieses soll Offshore-Windstrom in grünen Wasserstoff umwandeln, speichern und zu Industriezentren im Nordwesten Europas transportieren.

Teil 1: Wasserstoff bzw. Brennstoffzellen-Technologie

ABB: Arbeitet mit Wasserstoff-Pionier Ballard Power Systems zusammen

Der Schweizer Energietechnik-Spezialist ABB überraschte 2018 mit einer Ankündigung, die das zukünftige Geschäft ankurbeln soll: ABB will zusammen mit dem Wasserstoff-Pionier Ballard Power Systems Brennstoffzellen für den Einsatz auf Schiffen entwickeln. Damit wollen die beiden Unternehmen die Elektrifizierung des maritimen Sektors vorantreiben.

Denn nicht nur Diesel und Benziner auf unseren Straßen sind ein Problem für die Umwelt, sondern auch die großen Schiffe auf den weltweiten Flüssen und Ozeanen. ABB und Ballard Power Systems wollen Brennstoffzellen entwickeln, mit denen große Schiffe versorgt werden können.

Das gesamte Modul auf Basis der Brennstoffzelle soll nicht größer als ein herkömmlicher Verbrennungsmotor für Schiffe sein, gleichzeitig aber bis zu 4.000 PS leisten. Für Brennstoffzellen finden sich auf Schiffen verschiedene Anwendungsfelder.

Sie können Schiffe nicht nur antreiben, sondern auch Energie für den Hotelbetrieb auf großen Passagierschiffen zur Verfügung stellen, während sich das Schiff

Das Wasserstoff-Investment. Reich. Reicher. Millionär.

im Hafen befindet. Zunächst wollen sich ABB und Ballard Power auf Systeme für den Einsatz auf Passagierschiffen konzentrieren. Der sich schnell entwickelnde Markt bietet aus unserer Sicht gute Wachstumschancen.

H&R hat vor einiger Zeit die weltgrößte regelflexible Elektrolyse-Wasserstoff-Anlage eingeweiht

Spannend ist in diesem Zusammenhang auch das relativ unbekannte, börsennotierte deutsche Spezialchemie-Unternehmen H&R GmbH & Co. KGaA aus dem Emsland, das vor einiger Zeit in Hamburg-Neuhof die weltgrößte regelflexible Elektrolyse-Wasserstoff-Anlage eingeweiht hat.

Bei allen Unternehmen, die wir Ihnen gerade kurz vorgestellt haben, ist Wasserstoff nur ein Teilbereich. Spannend für Sie als strategisch denkender Aktionär: Die Aktien der vorgestellten Unternehmen haben sich mehrheitlich in der jüngeren Vergangenheit nicht gut entwickelt, da diese Unternehmen in zyklischen Branchen arbeiten (Stahl, Autobau, Industrie, Chemie) und daher massiv unter der Eintrübung der globalen Konjunktur leiden (Stichworte: Handelsstreit USA versus China, Coronakrise). Dreht die Stimmung in der Wirtschaft nach oben, stehen diese Aktien vor einem starken Comeback an der Börse.

Teil 1: Wasserstoff bzw. Brennstoffzellen-Technologie

Reine Wasserstoff-Aktien sind aus unserer Sicht derzeit zur riskant

Ganz anders sieht der Aktien-Chart einiger Unternehmen aus, die ausschließlich oder zumindest zum Großteil auf Wasserstoff bzw. die Brennstoffzelle setzen.

Hier ist beispielsweise der Höhenflug der Aktie des Unternehmens Nel ASA zu erwähnen. Das norwegische Unternehmen ist spezialisiert auf Lösungen für die Herstellung, Speicherung und Verteilung von

Das Wasserstoff-Investment. Reich. Reicher. Millionär.

Wasserstoff aus erneuerbaren Energien. Soweit so gut. Das bemerkenswerte: Nel kommt an der Börse aktuell auf eine Bewertung von deutlich über 1 Mrd. Euro bei einem Quartalsumsatz im niedrigen zweistelligen Millionenbereich und steckt noch in der Verlustzone fest. Wir halten das für Wahnsinn! Zudem weist die Nel-Aktie extrem große Kursschwankungen auf und ist damit nichts für Anleger mit schwachen Nerven.

Ein weiteres Unternehmen, das sich ausschließlich mit der Brennstoffzellen-Technologie befasst, ist der kanadische Brennstoffzellenproduzent Ballard Power Systems. Das Unternehmen ist Weltmarktführer in der Brennstoffzellenbranche. Die Ballard-Systeme finden Einsatz in den unterschiedlichsten Sektoren. Neben den bereits erwähnten Plänen für Schiffsantriebe, liefert Ballard Antriebssysteme für die Busse des belgischen Herstellers Van Hool und des polnischen Busproduzenten Solaris.

Darüber hinaus werden Ballard-Brennstoffzellen auch als Notstromaggregate eingesetzt. So erhielt Ballard im Frühjahr 2020 einen Großauftrag aus Deutschland: Die Kanadier sollen 500 Brennstoffzellen als Backup-Stromversorgungssysteme für Funkmasten an die deutschen Adkor GmbH liefern.

Teil 1: Wasserstoff bzw. Brennstoffzellen-Technologie

> *„Die Tatsache, dass sich mehrere Bundesländer zur zuverlässigen Notstromversorgung ihrer kritischen Infrastrukturen für unsere Wasserstoff-Brennstoffzellen entschieden haben, belegt eindeutig die Attraktivität dieser umweltfreundlichen, innovativen Technologie",*

so Adkor-Geschäftsführer Hartmut Kordus.

Aber auch, wenn sich der Kurs der Ballard-Aktien im vergangenen Jahr mehr als verdreifachen konnte, sind die Papiere aus unserer Sicht ein (zu) heißes Eisen.

Das Unternehmen hatte vor der Corona-Krise eine Marktkapitalisierung von gut 2 Mrd. Euro bei einem Quartalsumsatz von etwas mehr als 20 Mio. Euro. Auch hier stimmen, wie bei Nel, die Relationen nicht. Zudem wird das Geschäft mit Brennstoffzellen immer noch stark durch die Subventionen der öffentlichen Hand getragen.

Das Wasserstoff-Investment. Reich. Reicher. Millionär.

Unsere Empfehlung: Setzen Sie nicht auf überteuerte reine Wasserstoff-Unternehmen, sondern auf Unternehmen, die nicht nur auf diese Karte setzen. So minimieren Sie die Risiken für Ihre Investitionen ganz erheblich! Passende Kandidaten haben wir Ihnen vorgestellt.

Van Hool A330-Brennstoffzellen-Wasserstoffbus auf dem Berliner Messegelände.

Das Wasserstoff-Investment. Reich. Reicher. Millionär.

Teil 2

Batteriebetriebene Elektromobilität

Teil 2: Batteriebetriebene Elektromobilität

Im zweiten Teil dieser Studie gehen wir für Sie auf die batteriebetriebene Elektromobilität ein.

Marktanteile und Perspektiven

Wenn wir uns mit der Mobilität der Zukunft beschäftigen, so ist es unseres Erachtens zwingend notwendig, auch die E-Mobilität näher zu betrachten.

Zukunftsmarkt Elektromobilität: Eine aktuelle Bestandsaufnahme

Es war ein regelrechter Paukenschlag, als das EU-Parlament vor einem Jahr neue CO_2-Regelungen beschlossen hat. Der Schadstoff-Ausstoß von Neuwagen muss deutlich sinken. Experten sind sich sicher: Um das Ziel zu erreichen, müssten 40% aller Neuwagen E-Autos sein. Für uns Grund genug, für Sie noch einmal auf das Thema E-Mobilität zu blicken.

Beitrag zum Umweltschutz

Um den Klimakollaps mit all seinen negativen Folgen zu stoppen, muss zukünftig auf die Nutzung fossiler Brennstoffe zunehmend verzichtet werden. Hierzu können Elektro-Fahrzeuge einen wichtigen Beitrag leisten.

Nutzung von regenerativen Energien

Aber es gibt auch andere Gründe, die für E-Mobilität sprechen, in der öffentlichen Diskussion jedoch nur selten genannt werden. Durch die verstärkte Nutzung von Elektrofahrzeugen kann die deutsche Abhängigkeit vom Rohstoff Öl sukzessive reduziert werden.

Und gerade im Bereich der Stromgewinnung durch regenerative Energien ist unser Land in den vergangenen Jahren ein gutes Stück vorangekommen. Laut Bundeswirtschaftsministerium sollen bis zum Jahr 2025 40 bis 45% des in Deutschland verbrauchten Stroms aus erneuerbaren Energien stammen.

Kostenersparnis möglich

E-Mobile sind, zumindest was die Betriebskosten angeht, günstiger als herkömmliche Fahrzeuge. Ein Grund, warum Elektroautos weniger Energie verbrauchen, ist die Möglichkeit der Rekuperation (Energierückgewinnung).

Beim Bremsen und Bergabfahren kann bei Elektromotoren die Batterie wieder aufgeladen werden. Außerdem sind Elektromotoren weniger komplex als

Teil 2: Batteriebetriebene Elektromobilität

Verbrennungsmotoren und verursachen daher deutlich weniger Wartungs- und Werkstattkosten.

Auch wenn die höheren Anschaffungskosten von E-Autos Interessenten häufig noch vom Kauf abhalten, sind einige Elektroautos bei einer Vollkostenbetrachtung schon heute günstiger als vergleichbare Benziner oder Diesel.

Dies ergab eine Vollkostenberechnung, die der ADAC im Frühjahr 2020 durchgeführt hat. Berücksichtigt wurden hierbei auch die Steuerbefreiung für E-Autos sowie die Elektro-Umweltprämie von maximal 6.000 Euro, die der Käufer eines Elektro-Autos erhält.

Das neue Förderprogramm Elektromobilität (FEM) – Umweltbonus) mit erhöhten Umweltprämien ist am 19. Februar 2020 in Kraft getreten. Gleichzeitig wurde die Förderung von Elektroautos bis Ende 2025 verlängert – beziehungsweise bis die vorgesehenen Bundesmittel aus dem Sondervermögen „Energie- und Klimafonds" (EKF) komplett ausgezahlt worden sind.

Neben der Kaufprämie sind E-Fahrzeuge, die bis zum 31.12.2020 erstmals zugelassen wurden, für zehn Jahre von der Kfz-Steuer befreit. Auch E-Autos, die als Geschäftswagen angeschafft und auch privat genutzt werden, sind steuerlich begünstigt: Seit Januar 2020 wird die Privatnutzung von Elektro-Dienstwagen mit einem Bruttolistenpreis bis 40.000 Euro, die mehr als zur Hälfte dienstlich genutzt werden, monatlich nur noch mit 0,25 Prozent des Bruttolistenpreises als geldwerter Vorteil besteuert. Für Hybridfahrzeuge sowie Elektroautos mit einem höheren Bruttolistenpreis bleibt es bei der bisher geltenden 0,5-Prozent-Regelung.

Nachteile der Elektromobilität

Wo Licht ist, ist immer auch Schatten: So muss der Käufer für ein Elektroauto, wie bereits erwähnt, bei den Anschaffungskosten tiefer in die Tasche greifen. Voraussichtlich werden sich diese höheren Kosten jedoch reduzieren, wenn Elektroautos zukünftig in größeren Mengen produziert werden.

Darüber hinaus können Elektroautos auch zu einem Problem für Fußgänger werden. Da die Elektromotoren fast geräuschlos arbeiten, kann es vermehrt zu Unfällen beim Überqueren von Straßen kommen.

Auch die noch nicht flächendeckend ausgebaute Ladeinfrastruktur kann zu Problemen bei Langstreckenfahrten führen. Daher ein erstes Zwischenfazit: Für einige Einsatzbereiche machen E-Fahrzeuge schon heute sehr viel Sinn. In anderen Bereichen gibt es bessere Alternativen. Daher wäre eine einseitige Konzentration auf die E-Mobilität aus unserer Sicht ein strategischer Fehler.

Teil 2: Batteriebetriebene Elektromobilität

Darum können batteriebetriebene E-Autos nicht die (einzige) Lösung sein

Wenn der komplette Straßenverkehr auf batteriebetriebenen E-Antrieb umgestellt werden soll, wird das sehr große Auswirkungen auf das Stromnetz haben. Es gibt derzeit keine hinreichenden Möglichkeiten, Überkapazitäten in der Stromproduktion über eine längere Zeit zu speichern.

Das bedeutet: In Zeiten, in denen es über längere Zeit nicht genügend Sonne und Wind gibt, aus denen Solar- und Windstrom produziert wird, würde es nicht genügend Strom geben, um die Mobilität zu gewährleisten. Es müsste also Speicherkapazitäten geben, die deutlich über die Auto-Akkus hinausgehen.

Hinzu kommt das Reichweitenproblem. Aktuell ist es zwar bereits möglich, im Idealfall 500 km am Stück mit einem Elektroauto zu fahren. Die meisten Modelle, die derzeit angeboten werden, kommen jedoch auf deutlich niedrigere Reichweiten. Für jemanden, der einen erheblichen Teil seines beruflichen Lebens auf der Autobahn verbringt (beispielsweise Handelsvertreter), kann ein Elektro-Auto nicht das Fortbewegungsmittel der Wahl sein.

Für die Langstrecke: Keine ökologisch sinnvollere Lösung als moderne Diesel

In diesem Zusammenhang sagte der deutsche E-Auto-Experte Prof. Günther Schuh vor einiger Zeit in einem Interview mit einer großen deutschen Tageszeitung:

> „Ich kann mir derzeit keine ökologisch sinnvollere Lösung vorstellen, als mit einem modernen Euro-6- und später Euro-7-Diesel Langstrecke zu fahren. Daher ist das Szenario, dass wir morgen oder übermorgen keine Verbrennungsmotoren mehr brauchen, völlig übertrieben."

Es gibt jedoch auch Anwendungsgebiete, wo batteriebetriebene Elektro-Mobilität Sinn macht: Beispielsweise bei innerstädtischen Bussen oder bei Taxen, die in der Regel nur recht kurze Strecken zurücklegen und dann wieder gewisse Standzeiten aufweisen. In diesen Standzeiten könnten die Akkus der Taxen geladen werden. Sie sehen: Wie schon mehrfach geschrieben, gibt es nicht die eine Antriebsart, die die Zukunft der Mobilität sein wird.

Teil 2: Batteriebetriebene Elektromobilität

Abschließend möchten wir Ihnen noch einige Unternehmen vorstellen, mit denen Sie von einer zunehmenden Verbreitung der E-Mobilität profitieren können.

Aumann: Mit diesem Unternehmen setzen Sie auf die Verbreitung der E-Mobilität (und Wasserstoff)

Die Aumann AG ist ein führender Hersteller von Spezialmaschinen und Fertigungslinien für Komponenten von elektrifizierten und klassischen Antriebssträngen. Darüber hinaus ist das Unternehmen gefragter Anlagenpartner der Branchen Luft- und Raumfahrt, Verbraucherelektronik, Cleantech und weiteren mehr.

Der ohne Zweifel größte Wachstumsmotor des Unternehmens ist jedoch der Bereich E-Mobilität. Im Geschäftsbereich E-Mobilität konstruiert, fertigt und vertreibt Aumann vorwiegend Spezialmaschinen und automatisierte Fertigungslinien.

Mit den Angeboten von Aumann können Kunden im Bereich Elektro-Mobilität durch den Einsatz direkter Wickeltechnik hocheffiziente und technologisch fortschrittliche E-Motoren mit überlegenem Leistungsgewicht in Massenfertigung herstellen.

Das Wasserstoff-Investment. Reich. Reicher. Millionär.

On top kommen anspruchsvolle Automationslösungen für vor- und nachgelagerte Prozesse, insbesondere Draht-Handling. Große Kunden aus den Bereichen Automotive und E-Bikes verwenden die Technologien, um damit die neueste Generation von Elektro-Motoren zu fertigen.

Übersicht über die Kunden von Aumann

Die nun folgende Grafik gibt Ihnen einen Überblick über die Kundenstruktur von Aumann und zeigt Ihnen, dass Aumann kein *„Wald-und-Wiesen-Anlagenbauer"* ist.

Quelle: Aumann AG

Teil 2: Batteriebetriebene Elektromobilität

Das Angebot von Aumann umfasst neben Lösungen für die E-Motor-Komponenten auch Spezialmaschinen und Fertigungslinien für die Herstellung von automobilen Energiespeichersystemen und Hybridmodulen sowie von vollelektrischen Antriebssträngen.

Zur Gewährleistung einer optimalen Kundenunterstützung bietet Aumann gemeinsame Entwicklungsleistungen und Prototypenherstellung im unternehmenseigenen Technologie-Center sowie produktbegleitende Leistungen wie Wartung, Reparatur und Ersatzteillieferung an.

Übersicht über die Produkte von Aumann

Die nachfolgende Grafik zeigt Ihnen, wie die Fertigungslinien von Aumann aussehen:

Quelle: Aumann AG

Aumann: Nicht nur im Bereich E-Mobilität erfolgreich

Im Geschäftsbereich „Classic" – das ist der zweite große Geschäftsbereich neben der E-Mobilität – konstruiert, fertigt und vertreibt Aumann hauptsächlich

Das Wasserstoff-Investment. Reich. Reicher. Millionär.

Spezialmaschinen und automatisierte Fertigungslinien für die Bereiche Automotive, Luft- und Raumfahrt, Schienenverkehr, Verbraucherelektronik, Landwirtschaft und Cleantech.

Die Lösungen von Aumann umfassen in diesem Bereich Anlagen für die Produktion von Antriebskomponenten für Verbrennungsmotoren, wie z.B. Getriebe, sogenannte gebaute Nockenwellen und Nockenwellenmodule, Zylinderaktivierungs- und Deaktivierungsmodule sowie Komponenten für Ventilsteuerungssysteme.

Daneben ist Aumann spezialisiert auf Leichtbaukomponenten für Strukturbauteile im Bereich Automotive. Die Autobauer und teilweise auch deren Zulieferer sind in der Lage, auf den Maschinen und Produktionslinien von Aumann Komponenten zu fertigen, die ihnen helfen, Verbrauch und CO_2-Emissionen ihrer Modelle zu optimieren.

Das Angebot von Aumann umfasst zudem Fertigungs- und Logistiklösungen für den Bereich Consumer Electronics, Transportvorrichtungen für die Luft- und Raumfahrtindustrie sowie kundenspezifische Lösungen für weitere Industriesektoren.

Neben dem Angebot an Wartungs-, Verlagerungs- und Ersatzteil-Services bietet Aumann auch Fertigungsleistungen wie Vermessungen, Prototypherstellung

Teil 2: Batteriebetriebene Elektromobilität

und mechanische Bearbeitung von Bauteilen an. Für spezielle Anforderungen bei Kleinserien fertigt Aumann darüber hinaus auch Serienbauteile, insbesondere für Kunden in den Bereichen Automotive und Landwirtschaft.

Abschließend möchten wir Ihnen noch einen Überblick über die wichtigsten Gründe geben, die derzeit – trotz der aktuell konjunkturbedingten Kursschwäche – für eine Investition in die Aumann-Aktie sprechen:

Warum in Aumann investieren?

Die Aumann AG wird zukünftig von den hohen Wachstumsraten im Bereich der E-Mobilität profitieren. Dies ist dem Unternehmen in der Vergangenheit bereits gelungen. Derzeit läuft es operativ nicht rund, was jedoch der bereits beschriebenen Branchenschwäche geschuldet ist. Sobald die Automobilbranche wieder in Schwung kommt, dürfte Aumann im operativen Geschäft und an der Börse durchstarten.

Wenn Sie etwas defensiver in Aumann investieren wollen, können Sie dies tun, indem Sie sich indirekt an Aumann beteiligen. Dies wiederum ist über den Kauf der Aktie der MBB SE, der ebenfalls börsennotierten Muttergesellschaft, möglich, die wir Ihnen nun vorstellen möchten.

> Das Wasserstoff-Investment. Reich. Reicher. Millionär.

MBB: Aumann-Großaktionär und deutsche Berkshire Hathaway

Am 30. August 2020 feierte die US-amerikanische Investoren-Legende Warren Buffett seinen 90. Geburtstag. Buffett versucht seit Jahrzehnten stets einen Dollar zu kaufen und dafür nur 50 Cent auszugeben. Daher würde Buffett auch die deutsche Beteiligungsgesellschaft MBB lieben, wenn sie nicht unter seinem Radar fliegen würde, da sie für eine Investition durch Buffetts Beteiligungs-Holding Berkshire Hathaway zu klein ist. Denn bei MBB liegen Preis und Wert derzeit weit auseinander, was weitsichtigen Investoren große Chancen bietet.

Schon während ihres Studiums in Münster kam Christof Nesemeier und Gert Maria Freimuth die Idee, eine Beteiligungsgesellschaft zu gründen, die sich auf den deutschen Mittelstand konzentriert. 1995 gründeten sie in Berlin die Nesemeier & Freimuth GmbH. 1997 übernahmen sie mil ihrer Gesellschaft die MBB Gelma Industrieelektronik GmbH – eine frühere Tochter des Konzerns Messerschmitt-Bölkow-Blohm – von der Daimler-Benz Aerospace AG. Fortan wurde das Kürzel MBB im Unternehmensnamen geführt. 2006 folgte der Börsengang. In der Folge kaufte MBB weitere Beteiligungen. Zu den Töchtern von MBB zählen heute

Teil 2: Batteriebetriebene Elektromobilität

u.a. die börsennotierten Gesellschaften Aumann und Delignit, sowie der IT-Sicherheits-Spezialist DTS und die Infrastruktur-Tochter Vorwerk.

In den vergangenen Monaten entwickelte sich die MBB-Aktie sehr erfreulich! Ein Grund für die sehr positive Entwicklung ist der bevorstehende Börsengang der MBB-Infrastruktur-Tochter Friedrich Vorwerk, die unter anderem von der kommenden Energiewende und dem Wasserstoff-Boom profitiert.

Als führender Anbieter im Bereich der Energieinfrastruktur für den Gas-, Strom- und Wasserstoffmarkt, profitiert das Unternehmen von hohen Investitionen im Zuge der Energiewende. Nach ersten Einschätzungen des Managements erreichte der Umsatz von Friedrich Vorwerk im Geschäftsjahr 2020 rund 291 Mio. Euro.

Das bereinigte Ergebnis vor Zinsen, Steuern und Abschreibungen (bereinigtes EBITDA) konnte auf über 58 Mio. Euro gesteigert werden, während das bereinigte operative Ergebnis (bereinigtes EBIT) auf rund 47 Mio. Euro stieg. Die bereinigte EBIT-Marge lag somit bei über 16%. Auch die weiteren Perspektiven sind sehr gut: Die MBB-Tochter Vorwerk ist mit einem Rekord-Auftragsbestand von über 306 Mio. Euro zum 31. Dezember 2020 in das neue Jahr gestartet, wovon bereits etwa 7% auf Anwendungen im Bereich Wasserstoff entfallen.

Das Wasserstoff-Investment. Reich. Reicher. Millionär.

So konnte das Unternehmen jüngst verkünden:

"Mit dem Get-H2-Nukleus leitet Vorwerk den Beginn der europäischen Wasserstoffwirtschaft ein. Als Vorreiter der Energiewende realisiert Vorwerk für Evonik den ersten Teil eines 130 km langen Abschnittes des öffentlichen europäischen sogenannten Wasserstoff-Backbones. Insgesamt sollen europaweit bis 2050 rund 488 Mrd. Euro in die Schaffung einer pan-europäischen Wasserstoffinfrastruktur inklusive über 23.000 km an H2-Transportinfrastruktur investiert werden, um das Ziel der CO_2-Neutralität bis 2050 zu erreichen.

Der initiale Teil dieses Netzes ist eine 9 km lange Pipeline, die künftig den Evonik Chemiepark in Marl mit dem Raffineriestandort der BP in Gelsenkirchen verbinden soll. In einem zweiten Schritt soll dann die Anbindung an eine Elektrolyseanlage des Kraftwerkes Lingen erfolgen.

Dabei handelt es sich um die erste öffentlich zugängliche Pipeline für Wasserstoff, die den Anschluss weiterer Erzeuger sowie Verbraucher an das Wasserstoffnetz in der industriereichen Rhein-Ruhr Region ermöglicht. Der Einsatz von grünem Wasserstoff spart insbesondere bei energieintensiven Prozessen, wie der Ammoniak Produktion, erhebliche Mengen an CO_2.

Teil 2: Batteriebetriebene Elektromobilität

„Bereits heute wegweisende Wasserstoffprojekte dieser Art umsetzen zu können, macht uns stolz und unterstreicht unsere Kompetenz im Umgang mit Gasen wie dem Wasserstoff. Dank langjähriger Kundenbeziehungen mit Netzbetreibern, Energieerzeugern und Industrieunternehmen sind wir überzeugt, einen entscheidenden Beitrag zum Aufbau eines europäischen Wasserstoffnetzes leisten zu können und somit eine Dekarbonisierung der Industrie zu ermöglichen.",

erläutert Torben Kleinfeldt, CEO und Gesellschafter der Vorwerk Gruppe."

Vorwerk-Börsengang

Blicken wir zum Schluss noch einmal kurz auf den voraussichtlich bald bevorstehenden Börsengang von Friedrich Vorwerk: Nach unseren Informationen befindet sich das MBB-Management bereits in konkreten Vorbereitungen für den Börsengang (IPO) von Vorwerk. Bereits im 1. Halbjahr 2021 könnte das Unternehmen in Frankfurt an die Börse gehen. Der Nachrichtenagentur Bloomberg zufolge darf MBB bei der Platzierung für Vorwerk auf einen Unternehmenswert von 800 Mio. Euro hoffen.

Das Wasserstoff-Investment. Reich. Reicher. Millionär.

BYD: Buffetts E-Mobilitäts-Liebling mit guten Nachrichten

Der chinesische E-Mobilitäts-Spezialist BYD, den Investorenlegende Warren Buffett schon seit einigen Jahren im Depot hat, sorgte in den vergangenen Tagen und Wochen gleich für mehrere gute Nachrichten. Auch die BYD-Aktie lief zuletzt gut. Dafür gibt es mehrere Gründe: Erstens ist BYD im Windschatten von Tesla gefahren.

Zweitens hat BYD kürzlich eine neue Batteriefabrik in Brasilien in Betrieb genommen und noch einige weitere spannende Meldungen veröffentlicht. In der neuen Batteriefabrik in Brasilien werden Lithium-Eisenphosphat-Batterien hergestellt.

Neues Werk in Brasilien und positive Absatzzahlen

Darüber hinaus werden dort Elektrobus-Chassis installiert. Das neue hochautomatisiere und robotergesteuerte Werk hat eine Produktionskapazität von bis zu 18.000 Batteriemodulen pro Jahr und wird voraussichtlich bis September dieses Jahres 1.000 Batteriemodule fertigen.

Teil 2: Batteriebetriebene Elektromobilität

> „Mit unserer Investition können wir auch mit Unternehmen zusammenarbeiten, die daran interessiert sind, die Elektrifizierung ihrer Geräte zu verbessern",

sagt BYD-Manager Tyler Li. Die im Bundesstaat São Paulo gelegene Stadt São José dos Campos soll als erste Kommune von den in Brasilien hergestellten Batterien profitieren. BYD wird dem dortigen Verkehrsunternehmen insgesamt zwölf Elektro-Gelenkbusse liefern.

Auch die Absatzzahlen konnte BYD 2020 steigern. Das Unternehmen hat mit 15.283 New Energy Vehicles (NEV) im August 2020 mehr verkauft als noch im Juli desselben Jahres. Eine starke Nachfrage verzeichnete BYD zuletzt vor allem bei elektrischen Nutzfahrzeugen.

BYD und Toyota machen gemeinsame Sache

Eine andere spannende Nachricht aus dem Frühjahr 2020 ist: BYD hat mit der Nutzfahrzeug-Tochter von Toyota, Hino Motors, eine Kooperationsvereinbarung geschlossen. Die Vereinbarung konzentriert sich zunächst auf die gemeinsame Entwicklung und Produktion von batteriebetriebenen Nutzfahrzeugen.

Das Wasserstoff-Investment. Reich. Reicher. Millionär.

Nach Angaben beider Unternehmen soll durch die Partnerschaft die Einführung rein elektrischer Nutzfahrzeuge vorangebracht werden. Damit wollen die beiden Unternehmen sich einen riesigen Markt erschließen.

Bislang war der japanische Toyota-Konzern vor allem für seine Hybrid-Fahrzeuge (eine Mischung aus Batterieantrieb und Verbrennungsmotor) bekannt. Das Hybridantriebssystem von Toyota ist so beliebt, dass die Japaner ihre Nutzfahrzeuge nun schon mit der 6. Generation an Hybridmotoren ausstatten.

BYD bringt in diesem Segment einiges an Know-how mit. Das chinesische Unternehmen hat nach eigenen Angaben weltweit bereits 50.000 E-Busse vom Typ BYD K9 verkauft. Toyota-Tochter Hino profitiert vom Know-how von BYD in Sachen E-Mobilität und BYD könnte mit Hilfe von Toyota endlich auf dem westlichen Absatzmarkt richtig Fuß fassen.

Warren Buffett setzt auf BYD

Die BYD-Aktie zog im vergangenen Jahr 2020 deutlich an und dürfte trotz zwischenzeitlicher Schwankungen in den kommenden Jahren weiteres Potenzial bieten. Das sieht offensichtlich auch Warren Buffett so, der bei BYD bereits seit einigen Jahren investiert ist.

Teil 2: Batteriebetriebene Elektromobilität

Zum Abschluss: Kurzes Batterie-Update 2021

Das Thema „Batterien für die E-Mobilität" gewinnt auch in Deutschland an Gewicht. Der deutsche Chemieriese BASF will zeitnah mit dem Bau einer riesigen Fabrik im brandenburgischen Schwarzheide beginnen. Die Fabrik wird nur rund 150 km entfernt von der derzeit im Bau befindlichen Tesla Gigafabrik sein.

BASF will in der Fabrik in Schwarzheide Kathoden-Materialien für Batterie-Zellen produzieren. Gut möglich, dass die Materialien später in den Batterien vorhanden sind, die Tesla voraussichtlich zusammen mit seinen E-Autos in der deutschen Gigafabrik vor den Toren Berlins fertigen wird.

175 Mio. Euro Förderung

Unabhängig davon, ob die Kathoden-Materialien in der neuen BASF-Fabrik in Schwarzheide auch an Tesla geliefert werden, erhält der Ludwigshafener Chemieriese 175 Mio. Euro Förderung, davon 70% vom Bund und 30% vom Land Brandenburg. Brandenburgs Ministerpräsident Dietmar Woidke sprach in einer Pressemitteilung von einer Schlüssel-Investition in die Elektroauto-Zukunft Europas.

Das Wasserstoff-Investment. Reich. Reicher. Millionär.

Spekulationen um Tesla als Kunden

Laut Tesla-Chef Elon Musk soll es eine lokale Versorgung mit Batterien für die in der neuen Gigafabrik entstehenden E-Autos von Tesla geben.

Zwar sehen die geänderten Pläne für die Tesla-Fabrik in der Nähe von Berlin zunächst keinen Ort für die Produktion von Batterien vor, über kurz oder lang aber gilt als ausgemacht, dass Tesla auch in eine europäische Zell-Produktion in Eigenregie investiert.

Möglicherweise ist es Zufall, dass das Kathoden-Werk von BASF nur 150 km entfernt von der neuen Tesla-Fabrik entsteht. Wir glauben hier aber nicht an Zufall und denken, dass Tesla ein wichtiger Kunde oder Partner für BASF werden dürfte.

Panasonic: Tesla-Partner in Gigafabrik in Nevada

Ein Unternehmen, das bereits ein wichtiger Partner von Tesla ist, ist der Batterie-Spezialist Panasonic. Das japanische Unternehmen investiert weitere 100 Mio. US-Dollar in die gemeinsam mit Tesla betriebene Gigafabrik im US-Bundesstaat Nevada.

Teil 2: Batteriebetriebene Elektromobilität

Mit Hilfe der Investitionen soll die Kapazität in der Fabrik um 10% auf 39 Gigawattstunden (GWh) pro Jahr steigen. Ebenfalls spannend: Das Unternehmen hat kürzlich erstmals mittelfristige Etappenziele für das Batteriegeschäft genannt.

Yasuaki Takamoto, der zuständige US-Chef für die E-Auto-Batterien, erklärte gegenüber der Nachrichtenagentur Reuters, dass Panasonic plane, die Energiedichte der sogenannten 2170er-Batteriezellen für Tesla mit Nickel-Kobalt-Aluminium (NCA)-Chemie innerhalb von fünf Jahren um weitere 20% zu steigern.

In *zwei bis drei Jahren* soll dann sogar eine kobaltfreie Version auf den Markt kommen. Das ist ein klares Signal an die Konkurrenz, dass die Forschungspipeline noch immer voll ist.

Teil 3

Die wichtigsten Wasserstoff-Termine 2021

Teil 3: Die wichtigsten Wasserstoff-Termine 2021

3. bis 5. März:
Die FC Expo 2021 in Japan

https://www.fcexpo.jp/en-gb.html

FC EXPO – Int'l Hydrogen & Fuel Cell Expo
Weltweit größte Ausstellung für Wasserstoff & Brennstoffzellen, die rund um den Globus Aufmerksamkeit erregen dürfte. Die neuesten Wasserstoff- und Brennstoffzellentechnologien/-produkte aus der ganzen Welt werden hier präsentiert.

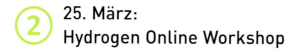

25. März:
Hydrogen Online Workshop

https://www.hydrogen-online-workshop.com/

Hydrogen Online Workshop | Mission Hydrogen GmbH
Der Hydrogen Online Workshop (HOW) ist ein einzigartiger interaktiver Workshop, in dem die wichtigsten Fragen der Wasserstoffindustrie diskutiert werden. Über 100 Weltklasse-Experten, mehr als 150 Aussteller, mehr als 15.000 Teilnehmer.

Das Wasserstoff-Investment. Reich. Reicher. Millionär.

 12. bis 16. April: Hannover Messe mit Schwerpunktthema Wasserstoff

https://www.hannovermesse.de/de/ausstellung/ausstellungsthemen/hydrogen-fuel-cells/

Hydrogen Fuel Cells – HANNOVER MESSE
Schwerpunktthemen auf Europas größter Wasserstoff- und Brennstoffzellen-Veranstaltung sind die Speicherung von regenerativ erzeugter Energie sowie mobile und stationäre Brennstoffzellen-Anwendungen. In zwei Foren haben die Messebesucher die Gelegenheit, sich über diese faszinierenden Technologien zu informieren.

 20. bis 24. Juni: 9th World Hydrogen Technologies Convention

https://hyfcell.com/

WHTC | f-cell+HFC Empowering Hydrogen Innovation
Erleben Sie WHTC 2021 – digital. Aufgrund der Corona-Pandemie wird 2021 die WHTC zusammen mit f-cell + HFC für 2021 live über eine Digital Event Platform für die Teilnehmer gestreamt. Live-Inhalte mit Video-Q&A, ein interaktiver Treffpunkt für Teilnehmer, Unternehmen und Organisationen und die Möglichkeit von Einzelgesprächen.

Teil 3: Die wichtigsten Wasserstoff-Termine 2021

7. bis 12. September: IAA Mobility mit Schwerpunktthema Wasserstoff

https://www.iaa.de/de/mobility

IAA Mobility 2021
Über 120 Jahre IAA liegen hinter uns. Seitdem gestaltet die IAA die Entwicklung des Automobils entscheidend mit. Dabei erfindet sie sich immer wieder neu. Mit der IAA Mobility 2021 wandelt sie sich zur international führenden Mobilitätsplattform und zum nachhaltigen Stadtprojekt.

14. und 15. September: f-cell Stuttgart

https://f-cell.de/

Energizing Hydrogen Markets
Die jährlich in Stuttgart stattfindende f-cell bietet einen Rundum-Überblick über relevante Märkte und aktuelle internationale Entwicklungen in den Wasserstoff und Brennstoffzellen Technologien.

Teil 4
Über die Autoren

Über die Autoren

Tobias Schöneich

Mittelstands-Experte, Übernahme-Experte und Mobilitäts-Spezialist

Der studierte Betriebswirt Tobias Schöneich ist ausgewiesener Experte in Sachen Mittelstands-Aktien und Übernahmen und teilt sein Wissen als Chef-Analyst in den Börsendiensten „Mittelstands-Depot" und „Übernahme-Gewinner" mit seinen Lesern. Darüber hinaus beschäftigt er sich seit 2004 mit nachhaltigen Geldanlagen und ist einer der führenden Spezialisten in Deutschland, wenn es um börsengehandelte Unternehmen aus der Automobil- und Zulieferbranche und um moderne Mobilität geht.

Das Wasserstoff-Investment. Reich. Reicher. Millionär.

Schon während des Studiums der Betriebswirtschaftslehre entwickelte Tobias Schöneich großes Interesse für Investitions- und Finanzierungsfragen von Unternehmen. Vor allem die Besonderheiten familiengeführter Mittelständler zogen ihn in seinen Bann.

Schöneich vertiefte sich immer weiter in die Materie und wurde in den vergangenen beiden Jahrzehnten zu einem ausgewiesenen Experten in Sachen Mittelstands-Aktien. Nach erfolgreich absolviertem Studium arbeitete der Hanseat bei einem der größten Börsenverlage Europas und traf dort auf den deutschen Nebenwerte-Experten Rolf Morrien.

Im Laufe der Kooperation entstand die Idee eines Börsendienstes, der sich ausschließlich auf Aktien mittelständischer Unternehmen konzentriert. Denn diese Aktien entwickeln sich in aller Regel erheblich besser als „gängige" Aktien.

Mit dem „Mittelstands-Depot" riefen die beiden einen solchen Börsenbrief ins Leben. Tobias Schöneich ist Chef-Analyst des Dienstes. Anleger profitieren damit nicht nur vom enormen Börsenwissen des Norddeutschen, sondern auch von der Genauigkeit im Umgang mit Zahlen.

Über die Autoren

Rolf Morrien

Seit mehr als 20 Jahren Experte für börsennotierte Nebenwerte aus Deutschland, Österreich und der Schweiz

Nach dem erfolgreichen Abschluss des Magisterstudiums in Münster und Wien (Wirtschaft, Politik, Geschichte) absolvierte Rolf Morrien ein Volontariat als Wirtschaftsjournalist und wurde anschließend Redakteur bei der traditionsreichen deutschen Börsenpublikation „Aktien-Analyse".

Im Jahr 2002 übernahm Rolf Morrien die Chefredaktion beim Börsendienst „Der Depot-Optimierer" und hat diese Position bis heute inne. In den vergangenen

Das Wasserstoff-Investment. Reich. Reicher. Millionär.

20 Jahren entwickelte er sich zu einem der führenden Analysten für kleine und mittelgroße Aktiengesellschaften aus Deutschland, Österreich und der Schweiz.

Basis seiner Analysten-Tätigkeit ist die Value-Strategie. Der erfolgreiche Buchautor („Börse leicht verständlich" gehört zu den Standardwerken im Bereich der Börseneinführungen) widmete 2018 den Value-Legenden Warren Buffett, Charlie Munger und Benjamin Graham eine eigene Buchreihe, um ihr Lebenswerk und ihre Anlage-Strategie auch im deutschsprachigen Raum zu verbreiten.

Tobias Schöneich und Rolf Morrien bilden seit rund zehn Jahren ein erfolgreiches Analysten-Team und konnten in dieser Zeit bereits mehrere Preise gewinnen.

Rolf Morriens Börsendienste

Morriens Depot-Brief

Wer nur ein geringes Startkapital hat oder noch nie eine Aktie gekauft hat und trotzdem langfristig Vermögen aufbauen will, ist bei „Morriens Depot-Brief" bestens aufgehoben. Auf acht Seiten gibt der Chefanalyst Rolf Morrien jeden Monat wertvolle Tipps für den Weg durch den Börsen-Dschungel. Schnelle Informationen per E-Mail erhalten Sie jeweils freitags im Wochen-Update. Außerdem stellt er seinen Lesern ein Musterdepot mit einer kleinen aber feinen Auswahl von Aktienempfehlungen zur Verfügung, die Sie kaufen und dann langfristig für sich arbeiten lassen können – ohne anstrengende und teure Kauf-und-Verkaufsspielchen.

Frei nach Peter Lynchs Ausspruch *„Jeder kann mit Aktien reich werden, wenn er seine Hausaufgaben macht!"* bietet „Morriens Depot-Brief" alle Informationen, die Sie brauchen, um eben jene Hausaufgaben machen zu können. Vom Basiswissen über Aktien und ETF-Sparplänen bis hin zu der Frage

Morriens Depot-Brief

„Wie kann ich nachhaltig investieren?" wird hier alles kompakt und leicht verständlich beantwortet.

Mit „Morriens Depot-Brief" erhalten auch Börsenneulinge mit wenig Kapital die Möglichkeit, endlich nicht nur Geld zu sparen, sondern auch zu verdienen.

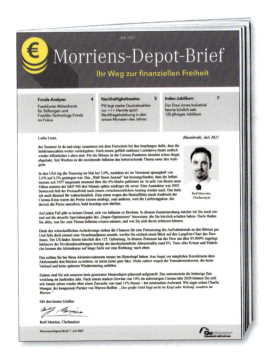

Rolf Morriens Börsendienste

Der Depot-Optimierer

Rolf Morrien liefert Ihnen in diesem Dienst aktuelle Einschätzungen von Aktien, Fonds, ETFs, Zertifikaten, Optionsscheinen, Anleihen, Genussscheinen und weiteren börsengehandelten Wertpapieren. Sie sehen also, es ist alles dabei was an der Börse gehandelt werden kann. Die Bewertung der Werte erfolgt nach vier Kriterien: Chance, Aufwand, Sicherheit und Haltedauer. Das gemeinsame Merkmal der Empfehlungen dieses Dienstes: Diese Wertpapiere können täglich an der Börse gehandelt werden. Sie sind also nicht langfristig gebunden und können frei über Ihr Kapital verfügen. Speziell in unsicheren Zeiten ist diese Flexibilität sehr viel wert.

Dieser Börsendienst enthält Empfehlungen sowohl für risikofreudige Anleger, als auch für Anleger, die eine eher geringe Risikobereitschaft mitbringen. Sie finden sowohl substanzstarke Value-Aktien und renditestarke Zinspapiere für Anleger, die große Kursschwankungen vermeiden möchten als auch spekulative Empfehlungen. Ein Highlight ist die Rubrik „Energie und Wasserstoff", in der regelmäßig aussichtsreiche Wasserstoff-Aktien vorgestellt wer-

Der Depot-Optimierer

den. Im Juni 2020 veröffentlichte Rolf Morrien im Rahmen des „Depot-Optimierers" seine neue Studie „Wasserstoff 2020: Die Top-Empfehlungen aus der Wachstums-Branche". Mit seinen leicht verständlichen Erklärungen bringt Rolf Morrien seine Leser bereits seit der Gründung des „Depot-Optimierers" im Jahr 2002 nach und nach zu einer Souveränität und Selbstständigkeit, wenn es um das Thema Geldanlage geht.

Rolf Morriens Börsendienste

Rolf Morriens Power Depot

Das „Power Depot" wurde 2003 als „Geldanlage-Berater-Trader" gegründet. Es war damals der erste Trader-Dienst im GeVestor Verlag.

Das „Power-Depot" setzt auf drei kleine und kompakte Unter-Depots mit unterschiedlichen Schwerpunkten.

Im ersten Depot befinden sich Nebenwerte aus Deutschland, Österreich und der Schweiz (Schwerpunkt Deutschland). Im zweiten Depot setzt Rolf Morrien auf Unternehmen, die eine Extra-Chance bieten. Das können z.B. Innovationen, Übernahmen oder Turnaround-Situationen sein. Im dritten Depot werden einige spekulative Werte beigemischt. Inhaltliche Schwerpunkte sind langfristige Trends (z.B. Mobiles Bezahlen,

Rolf Morriens Power Depot

IT-Sicherheit, 3-D-Druck, Industrie 4.0) und die Value-Strategie im Sinne von Warren Buffett und Charlie Munger.

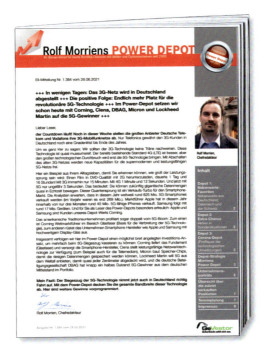

Tobias Schöneichs Börsendienste

Das Mittelstands-Depot

Sie interessieren sich für „Hidden Champions" – also noch weitgehend unbekannte Unternehmen, die in ihrer Nische führend sind? Dann hat Chefredakteur Tobias Schöneich genau das Richtige für Sie. Er setzt in seinem Börsendienst „Das Mittelstands-Depot" in erster Linie auf familien- oder inhabergeführte Mittelständler aus dem deutschsprachigen Raum, die genau dieses Kriterium erfüllen.

Seine Empfehlungen verteilt er auf drei Depots mit unterschiedlich hohem Risiko. Das „Basis-Depot" setzt vor allem auf eine attraktive Dividendenausschüttung und ein langfristiges Investment. Das „Chancen-Depot" enthält spekulativere Empfehlungen mit einem höheren Fokus auf Wachstum. Das „Trading-Depot" ist das spekulativste Depot, in dem auch Hebelpapiere zum Einsatz kommen, die kurzfristig hohe Gewinne liefern können. Hier sind

Das Mittelstands-Depot

insbesondere risikobereite Anleger gut aufgehoben. Der Vorteil von Tobias Schöneichs Strategie ist schnell erklärt: Viele Großkonzerne haben ihre besten Wachstumsjahre meist schon hinter sich. Bei den Empfehlungen von Tobias Schöneich ist das genaue Gegenteil der Fall. Hier sind noch hohe Wachstumskurven zu erwarten.

Tobias Schöneichs Börsendienste

Der Übernahme-Gewinner

Tobias Schöneichs „Der Übernahme-Gewinner" ist Deutschlands erster Börsendienst, der ausschließlich auf Übernahme-Kandidaten setzt. Im Fokus sind hier vor allem die Märkte Deutschland, Österreich und die Schweiz. Der Vorteil dieser Strategie liegt in den hohen Gewinnen, die in kurzer Zeit erzielt werden können, sobald es zu einem Übernahmeangebot kommt.

Tobias Schöneich achtet natürlich darauf, dass die empfohlenen Unternehmen nicht zwingend auf einen Deal angewiesen sind, um hohe Gewinne zu liefern. Diese Unternehmen müssen auch so über ein überzeugendes Zahlenwerk und Management verfügen. Außerdem legt er Wert auf eine strategische Positionierung in allgemein Übernahme-aktiven Branchen, um die Chancen auf einen attraktiven Deal zu erhöhen.

Sie haben noch keine Erfahrungen im Umgang mit Aktien von Übernahme-Kandidaten? Dann machen

Der Übernahme-Gewinner

Sie sich keine Sorgen. Tobias Schöneich begleitet Sie in seinen wöchentlich erscheinenden Ausgaben durch den Prozess und erklärt Ihnen genau, wann und wie Sie aktiv werden müssen.

Bibliografische Information der Deutschen Bibliothek
Die Deutsche Bibliothek verzeichnet diese
Publikation in der Deutschen Nationalbibliografie;
detaillierte bibliografische Daten sind im Internet
über http://dnb.ddb.de abrufbar

Impressum

© 2021 by GeVestor Financial Publishing Group
Theodor-Heuss-Straße 2–4 · 53177 Bonn
Telefon +49 228 8205-180 · Telefax +49 228 3696010
info@gevestor.de · www.gevestor.de

Verfasser: Tobias Schöneich, Rolf Morrien
Satz: ulrike jasser. kommunikationsdesign, Heinsberg
Umschlagbild: Fotolia artegorov3@gmail
Druck: Beltz Grafische Betriebe GmbH, Bad Langensalza

ISBN 978-3-8125-2777-4

GeVestor ist ein Unternehmensbereich
der Verlag für die Deutsche Wirtschaft AG
Vorstand: Richard Rentrop
USt.-ID: DE 812639372
Amtsgericht Bonn, HRB 8165

© Verlag für die Deutsche Wirtschaft AG
Alle Rechte vorbehalten. Nachdruck, Weitergabe und
sonstige Reproduktionen nur mit Genehmigung des Verlags.

Haftungsausschluss
Unsere Informationen basieren auf Quellen, die wir für
zuverlässig erachten. Eine Haftung für die Verbindlichkeit und
Richtigkeit der Angaben kann allerdings nicht übernommen werden.